教育委員会が本気出したらスゴかった。

コロナ禍に
2週間でオンライン授業を実現した
熊本市の奇跡

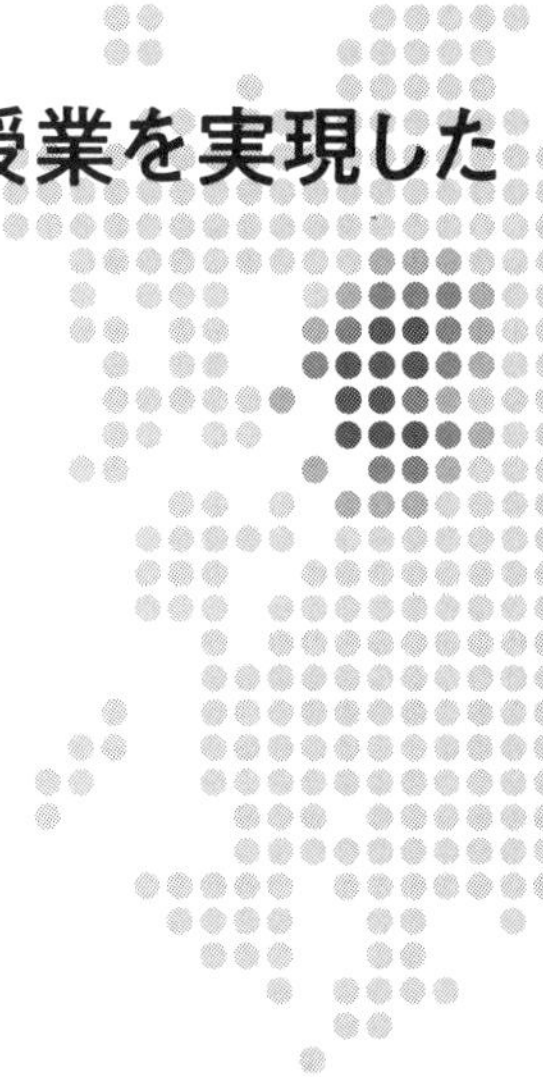

佐藤明彦 著（教育ジャーナリスト）

時事通信社

はじめに――熊本市が実現した「奇跡」のオンライン授業

２０２０年２月27日、全国の学校関係者に激震が走った。安倍晋三首相（当時）による一斉休校要請――新型コロナウイルスの感染拡大を食い止めるために、全国の約３万６０００校にも上る小学校、中学校、高校、特別支援学校などをすべて休校にするというのである。前日の26日に、北海道で休校要請が出されてはいたものの、この時点では感染者ゼロの自治体も多く、報道に耳を疑った人もいるに違いない。

首相による一斉休校要請は、「要請」にすぎず、実際に休校にするかどうかは、公立の場合は学校の設置者である都道府県や区市町村に委ねられている。果たして、どのくらいの自治体が要請に応じるのか注目されたが、３月４日時点で99％の公立小・中学校が休校（文部科学省調査）になるなど、ほぼすべての自治体が、首相の要請に従う形となった。かくして日本は、学期中にもかかわらず全国ほぼすべての学校が休みになり、約１３００万人にも上る小・中・高校生が自宅待機を余儀なくされるという、歴史上初となる事態に直面したのである。

この時点では、「休校は３月末まで、４月になれば学校は再開する」と考えていた人も少なくなかった。しかし、その後も新型コロナウイルスの感染者は増加の一途をたどり、4月7日には東京や大阪など7都府県に「緊急事態宣言」が発出され、翌週の16日には全国に拡大された。その結果、大半の学校が5月末頃まで、実に3カ月間にも亘って休校を余儀なくされた。

その間、子供たちの学びは完全に止まってしまった。どこの学校も、子供たちに課題プリントを配付するなどはしたものの、できたのはせいぜい前年度の復習などにすぎず、4月中旬になっても新しい教科書が配られないままの学校すらあった。子供たちの生活習慣は乱れ、親子が長期間共にすごすことの心理的負担により児童虐待の相談件数が増加するなどの現象も発生した。学校が、社会を支える重要なシステムとして機能していたことを、多くの人々が思い知らされることとなった。

全国的にこうした状況がある中、オンラインでの双方向型授業を市内すべての学校で展開したのが熊本市である。新学期がスタートして間もない4月15日には、市内92の小学校、42の中学校、2の市立高校のすべてで、学校と家庭をインターネットでつないだ双方向型のオンライン授業をスタートさせた。その様子は、全国紙などでも大々的に報じられ、大きな反響を呼んだ。

もちろん、今回のコロナ禍で、オンライン授業を行った自治体は、熊本市だけではない。比較的規模の小さな自治体の中には、児童・生徒1人に1台ずつタブレット端末を貸与するなどして、双方向型のオンライン授業を実施した所もある。しかし、熊本市のように、市内に134校もの小・中学校を擁し、約4万7000人もの児童・生徒を対象に実施した例は、他に類を見ない。

学校と家庭をつないでのオンライン授業は、たとえ端末の数がそろったとしても、家庭にネット環境がなければ実現しない。加えて、教える側の教員にも、ICT機器やアプリを操作するスキルはもちろん、対面型の授業とは異なるノウハウが求められる。さらには、セキュリティの問題にどう対処するかなどの課題もある。実現にはいくつもの壁が存在し、実際、多くの自治体がこれらの壁を越えられず、子供たちの学びが止まってしまった。文科省の調査では、4月16日時点において「同時双方向型のオンライン指導を通じた家庭学習」を実施していると回答した自治体は1213自治体のうち60自治体、5％未満にとどまった。

そんな中、なぜ熊本市が数々の壁を乗り越え、一斉休校からわずか1カ月半（実施決定からはわずか2週間）という短期間で、オンライン授業を実施することができたのか。この点は、多くの教育関係者が不思議に思っていることであろう。

熊本市の人口は約74万人。九州地方では福岡市、北九州市に次いで多く、２０１２年には全国で20番目の政令指定都市となった。とはいえ、財政面ではこれといって恵まれているわけではない。自治体の財政力を示す財政力指数は０・71（２０１８年度）と、政令指定都市の中で最も低い（政令指定都市平均＝０・86）。

加えて、数年前までは、学校におけるＩＣＴ整備も他の政令指定都市より後れを取っていた。２０１７年度時点における教育用コンピュータ１台当たりの児童・生徒数は12・３人。全国平均の５・６人と比べても明らかに低く、政令指定都市の中では下から２番目であった。

つまり、３年前までは児童・生徒12人に１台程度の端末しかなく、学校ＩＣＴの「後進自治体」だったはずの熊本市が、今回のコロナ禍においてすべての学校でオンライン授業を展開し、「先進自治体」として脚光を浴びたわけである。財政的に恵まれているわけでもない一地方都市が、短期間で成し遂げたことを思えば、奇跡的なことといっても過言ではない。

「奇跡」のスタート地点は、２０１６年４月に起きた熊本地震であった。最大震度７を記録したこの地震で、市内の多くの学校は避難所となり、一部の学校は校舎が半壊して授業ができなくなった。子供たちの学びが止まり、余震が断続的に続く中で、教員や保護者の多くが先の見えない状況に閉塞感を感じていたに違いない。

「熊本城の修復が終わるまでには、20年の歳月を要する。その間、熊本の復興の担い手となるのは今の子供たち。ここに投資をしていかねばならないと思った。」

市長の大西一史は、当時をそう振り返る。翌２０１７年には、かねて親交のあった遠藤洋路を教育長として招聘し、学校教育の改善・充実に向けたプロジェクトがスタートした。学校のＩＣＴ化は、それら諸施策の中でも、中核に位置付けられるもので「３年以内に政令指定都市トップになる」ことが目標として掲げられた。そうして、市長部局と教育委員会の強力な連携の下、熊本市の学校のＩＣＴ化は推し進められていった。

何ら「特別」ではない熊本市が、全校でのオンライン授業を行ったという事実は、他の自治体も同様のことが実現できることを意味する。「東京のど真ん中の学校が行ったことなら、『あの学校だからできた』となるかもしれない。だが、熊本市は財政的にも決して恵まれているわけではない。だから『熊本だからできた』とはならない。熊本市のモデルを広げることで、日本の教育の全体的なレベルアップをしていきたい」と教育長の遠藤は語る。

もし、全国すべての自治体が熊本市と同様の環境を整えることができれば、新型コロナウイルスの第2波、第3波が到来した時はもちろん、大規模な自然災害などによって、校舎が使えなくなった時なども、子供たちの学びを途切れさせずにすむ。

世間が瞠目する「奇跡のオンライン授業」は、どのようにして実現したのか。また、その具体的な中身とはどのようなものなのか。本書では、一斉休校からオンライン授業のスタートまでの1カ月半と、熊本地震以来進めてきた3年間の取り組みに焦点を当て、その詳細を紹介していく。本書を通じて「熊本市モデル」が幅広い人たちに知られ、日本の学校教育の発展に寄与することを期待したい。

2020年8月

第2章　なぜ、熊本市でオンライン授業ができたのか　55

第3章　これが熊本市のオンライン授業だ！　

第1章

オンライン授業開始まで45日間の足跡

熊本市がすべての小・中学校でオンライン授業を開始したのは4月15日。3月2日に一斉休校に入ってから、わずか45日（実施決定からは2週間）後のことである。これだけの短期間で、どのように学校と家庭をつなぐ端末やネット環境を整えたのか、まずはその足跡を追う。

2月中旬——国に先駆けて休校のシミュレーションを開始

安倍首相が全国の学校に休校要請を出したのは2月27日（木）。翌28日（金）に、熊本市では臨時の教育委員会を開き、週明け3月2日（月）から一斉休校に入ることを決定した。

全国各地の大半の自治体も同様に、管轄する学校を臨時休校としたが、実際に休校に突入した日付は微妙に違っている。3日（火）から休校にした自治体もあれば、4日（水）から休校にした自治体もあった。理由は、休校突入を1〜2日だけ遅らせることで、休校期間中の課題を用意したり、すごし方を指導したりするためであった。

熊本市においても、指導課長から「2日の午前だけ子供たちを登校させてはどうか」との意見は出たが、教育長の遠藤をはじめ、大半の委員や課長は「2日から休校に入ったほうがよい」との意見であった。そうして、3月2〜24日を臨時休校として9日（月）を登校日とすること、卒業式は教職員、卒業生、保護者のみで行うことなどを決定し、各学校に通知した。

熊本市がすんなりと2日からの休校を決めた背景には、新型コロナウイルスに対し、強い危機感を抱いていたことが背景にある。実は、首相が要請を出すかなり以前から、熊本市として独自に公立学校を臨時休校にすることが検討され、その準備が進められていたのだった。

日本で、新型コロナウイルスの感染者が最初に確認されたのは1月中旬。その後、少しずつ感染者数が増えていったものの、2月中旬の段階では、まだ感染者が出ていない自治体が大半だった。熊本県もこの時点では感染者ゼロ。しかし、市長の大西は事態を楽観的には捉えていなかった。

「新型コロナウイルスは当初、若い人たちには感染しないなどといわれていた。でも、感染症に限って、そんなことがあるはずはない。ハイリスクなのは高齢者だとしても、インフルエンザと同様、学校から感染が広がっていくと思った。」

大西はこの頃から、学校を休校にすることを検討し始めていたという。子供同士はとにかく接触が多い。教室でクラスター（集団）感染が起こり、それが家庭に持ち込まれて大人へと感染していく。そんな事態が目に浮かぶ中、市内で感染者が出る前から手を打っておくべきだと考えていたのだ。そして、教育委員会として一斉休校のシミュレーションをしておくよう教育長の遠藤に要請した。４年前の熊本地震の経験から、常に最悪の事態を考えてアクションを起こすというのが、市長としての信条となっていた。

2月22日、ついに熊本県でも最初の感染者が出た。場所は熊本市東区。20代の女性とその父親であった。大西は、検討していた一斉休校の話を教育長の遠藤にもち掛けた。しかし、遠藤の答えは「もう少しだけ待ってほしい」というものであった。

遠藤自身、新型コロナウイルスを楽観的に捉えていたわけでは決してない。「もし、ひとたび臨時休校に突入したら、3カ月間は再開できないだろうと予想していた。そのための準備期間がもう少しだけ必要だった」と当時を振り返る。この時、教育委員会では、休校が長期に亘ることを想定した準備が着々と進められていたのだった。

2月26日——長期休校を想定したオンライン授業の実証実験

2月26日、市内の城東小学校の3年生と4年生のクラスで、オンライン授業の実証実験が行われた。子供たちが手に持っているのは、セルラーモデルのiPad。1年半ほど前

2月26日に行われたオンライン授業の実証実験

から導入を開始し、小学校にはこの時点で児童3人に1台分相当が配備されていた。ちなみに「セルラーモデル」とは、本体自体が通信機能を備えているため、無線LAN（Wi-Fiなど）が飛んでいない場所でもインターネットに接続できるモデルのことをいう。

教員の指示を受けて、子供たちが一斉にアプリを起動する。間もなく、どの子供の画面にもクラスメイトの顔がズラリと並ぶ。起動したのは、オンラインビデオ会議システムの「Zoom（ズーム）」。今回のコロナ禍で一躍世間的な注目を集めたアプリで、100人までであれば40分間は無料で利用できる。

続いて教員が開くように指示したのは

「ロイロノート」。こちらは、いわゆる授業支援アプリで、先生が課題を出したり、子供が文字や図、写真などを組み合わせて発表資料をつくったりできる。子供たちは、慣れた手つきでアプリを操作し、先生の指示に基づき、課題をこなしていく。

熊本市の小学校では、このロイロノートと「ＭｅｔａＭｏＪｉ（メタモジ）」という二つのアプリを活用した授業が、日常的に行われてきた。だが、Ｚｏｏｍは大半の学校が使ったことがない。そのため、この日の実証実験では、Ｚｏｏｍを使ってクラス全員がつながり、ロイロノートやメタモジを使って課題ができるかを確認した。そして、小学校３年生以上であれば、端末とこれらのアプリがあれば、オンライン授業ができるという確かな手応えを得た。

この翌日、安倍首相による一斉休校要請があり、週明け月曜日の３月２日から市内すべての学校が休みとなった。この時点で、熊本市教委では休校が数カ月に亘ることを想定し、４月には市内全小・中学校でオンライン授業を実施していくことを目標に、準備を進めていくことにした。

2月29日——休校決定翌日には教育センターが学習用コンテンツを公開

おすすめ学習サイト10プラス

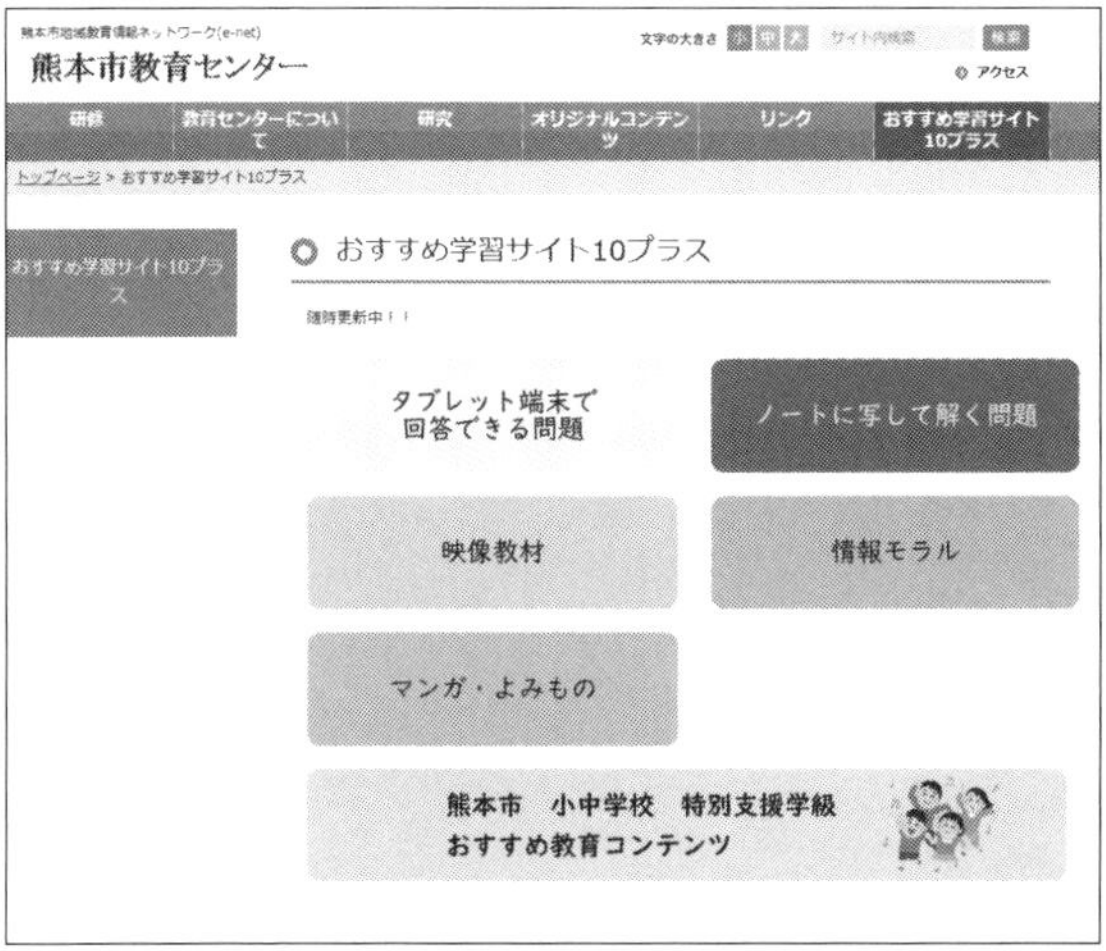

オンライン授業の4月スタートを目指す一方で、3月中の子供たちの学びを止めないことも、市教委としての大きな課題だった。そのため、教育の企画や研究、教員の研修を行う市教育センターでは、すぐさまホームページ上に、無料で使えるWeb学習教材のリンク集を公開。各学校を通じて各家庭に案内を出し、子供たちが家庭の端末などで学習ができるようにした。

また、4月にオンライン授業をするには、教員にZoomを使ってもらう必要がある。しかし、大半の教員はZoomがどんな代物なのかも知らない。そのため、教育センターでは「Ｚｏｏｍの使い方」と題した動画を次々と制作し、ユーチューブの公式チャンネルに公開していった。

教育センターでは、その後も「おすすめ学習サイト10」のリンク先を更新したり、新たな動画を公開したりするなどしていった。収録したリンク先は30以上にも上り、のちにカテゴリー別に整理され、「おすすめ学習サイト10プラス」という名称で、子供たちに使われている。制作・公開したユーチューブ動画は、Ｚｏｏｍに関連するものだけでも11本(6月20日現在)に上り、中には再生回数が2万回以上に上るものもある。恐らく、熊本市内のみならず、全国各地の教員がこれらの動画を視聴し、Ｚｏｏｍの使い方をマスターしていったのであろう。

これら一連の対応において、驚かされるのはそのスピード感だ。「おすすめ学習サイト10」が公開されたのは2月29日。熊本市内の一斉休校が正式に決まった翌日だった。また、公式チャンネルに「Ｚｏｏｍの使い方」の1本目がアップされたのは3月3日。その後、10日までの1週間で、計6本もの動画が公開された。

「私の指示を受け、指導主事と支援員が力を合わせて頑張ってくれた」と教育センター副所長の本田裕紀は当時を振り返る。「指導主事」とは学校の教育実践に助言や指導をする教育委員会の役職、「支援員」とは熊本市が独自に配置している「ICT支援員」のことで、熊本市の学校のICT化において重要な役割を果たしてきた。この点は、第2章で詳述する。

とかくハード面に注目されがちな学校のICT化だが、熊本市の場合、3年間に亘る学校ICT化の取り組みの中で、指導主事やICT支援員、現場教員などが信頼関係を築き、意思疎通を図れる関係性が築かれていた点が非常に大きい。そうした人的基盤があったからこそ、今回のオンライン授業が実現したとの見方もできる。

3月上旬——「主体的な学び」を実現するオンライン授業のモデルをつくれ！

3月9日（月）、子供たちは約1週間ぶりに学校へとやってきた。休校に突入してから最初の登校日。校内に響き渡る子供たちの声を聞き、教職員が目を細める。わずか1週間とはいえ、子供たちも教員も、顔を合わせられない状況はつらかったはずだ。

この日の帰り際、小学校は5年生、中学校は2年生に、学校のｉＰａｄが手渡された。最高学年の小6と中3については、ほぼすべての教科で学習が終わり、卒業式を残すのみとなっていたため、その一つ下の学年に渡されたのだった。

この時点での端末貸与は、オンライン授業というより、ロイロノートを使って課題を配信したり、Ｗｅｂ上の学習教材を活用したりするのが、主たる目的であった。市として、ネット上で学習できるドリル教材「ドリルパーク」（ベネッセ）と契約し、全児童・生徒にＩＤが付与されていたので、これに取り組ませることもできた。小5と中2への端末の貸与は、3月24日の終業式まで行われた。

一方、Ｚｏｏｍを活用したオンライン授業を実施するには、まだ必要な準備がたくさんあった。何より、これまで教科書を使いながら45〜50分間の授業をしてきた教員の多くは、画面越しに行う授業というものに、イメージをもてていない。中には、予備校の有名講師による配信動画のような授業をするものだと思っている人もいる。だが、熊本市が考えているオンライン授業は受け身ではなく、ＺｏｏｍやロイロノートのTODO双方向性を生かし、子供たちが主体的に学習課題に取り組んでいくようなものであった。震災復興を担う人材を育成するためには、「自ら考える子供」を育てる必要があると考えていたからだ。そのこ

Zoomを使った健康観察

とを周知させるために、教育センターでは熊本市型のオンライン授業の「モデル」をつくることとなった。

オンライン授業のモデルは、市内の学校の教員に協力を得ながら、試行錯誤を繰り返しつつつくり上げられていった。そうしてつくられたモデルは、概ね次のようなものであった。

まず、毎朝時間を決めて、教員と子供たちがZoomでつながる。最初に行うのが健康観察。教員が子供たち一人ひとりの名前を呼び、顔色や表情などを見て、気になる子供がいないか確認をする。

続いての授業では、最初に教員が子供たちに課題を出す。課題の出し方は、Zoomの画面共有機能を使ってもいいし、紙に書かれたものをカメ

子供たちに課題を提示

ラに写してもいい。課題を出した後は、いったんＺｏｏｍを切り、子供たちはロイロノートを使って課題に取り組む。課題ができた子供から「提出箱」に提出し、ほぼ全員がそろったところで再びＺｏｏｍでつながる。そして、子供たちが提出した課題を共有したり、子供たち自身が発表したりして、最後に「振り返り」を行う。

このモデルの特徴の一つは、先生が一方的に説明をするのではなく、子供たちが課題に取り組むことを柱に、授業が組み立てられている点だ。そもそも30分以上、先生が一方的に話すという授業は、教室の中でも厳しく、オンラインではな

子供たちの振り返り（原文ママ）

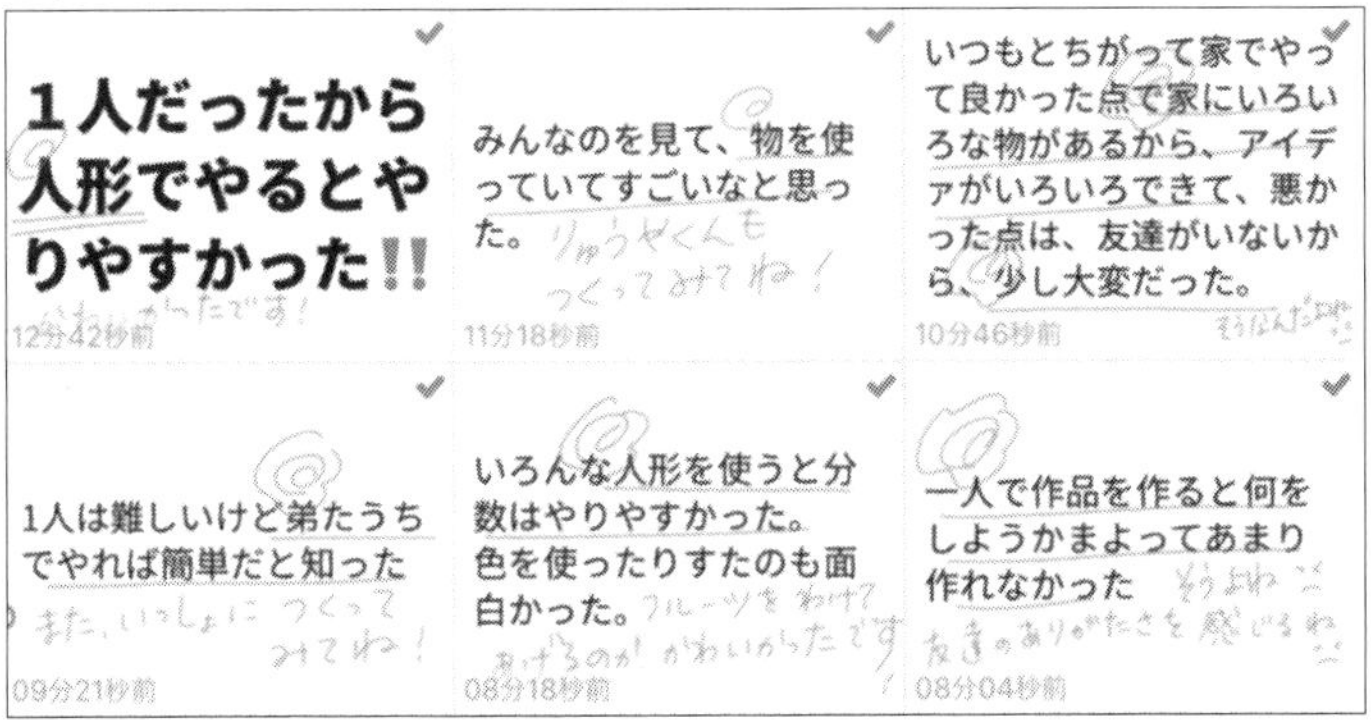
１人だったから人形でやるとやりやすかった!!
12分42秒前
みんなのを見て、物を使っていてすごいなと思った。
りゅうやくんもつくってみてね！
11分18秒前
いつもとちがって家でやって良かった点で家にいろいろな物があるから、アイデアがいろいろできて、悪かった点は、友達がいないから、少し大変だった。
10分46秒前
1人は難しいけど弟たちうちでやれば簡単だと知った
また、いっしょにつくってみてね！
09分21秒前
いろんな人形を使うと分数はやりやすかった。色を使ったりすたのも面白かった。
フルーツをわけてあげるのがかわいかったです
08分18秒前
一人で作品を作ると何をしようかまよってあまり作れなかった
そうよね… 友達のありがたさを感じるね…
08分04秒前

おのこと難しい。子供の集中力が途切れやすい上に、教員が個別に声をかけてケアすることもできないからだ。

　もう一つの特徴は、最後にもう一度Ｚｏｏｍでつながり、子供の意見をクラス全員で共有したり、子供自身に発表をさせたりする点である。こうした授業構成も、子供たちの学習意欲を維持する上で効果的に違いない。

　一口に「オンライン授業」といっても、その形態はさまざまである。従来型の授業と同様、どちらかといえば説明中心で、教科書に沿って進めるようなものもある。今回の一斉休校時には、民間企業が配信する有料の授業動画サービスを一括契約し、子供たちが視聴できるようにした自治体もあった。学習の遅れが生じないよう、教科書を着実に進めていくことを優先すれば、むしろこのほうが理にかなっているかもしれない。

しかし、熊本市のオンライン授業は、そうしたコンセプトを採っていない。というより、「オンライン授業」に限らず、日頃の授業においても、教科書を粛々と進めていくような一斉講義型の授業からの脱却が図られている。予測不可能なこれからの社会を生きていく子供たちには、答えのない課題に向き合っていく力が求められ、そのためには教員が「教える授業」から、子供が主体的に「学びとる」授業への転換を図っていく必要があると考えているからだ。この点は第2章で詳述するが、そうした授業観・学習観が前提にあって、オンライン授業のモデルもつくられていった。

3月中旬——教員に「このくらいならできそう」と思わせた「スモールステップ」

オンライン授業のモデルは作成したものの、市内のすべての教員がすぐに同じことができるかといえば、現実的にはなかなか難しい。ICTの操作スキルはもちろん、授業力にもばらつきがあるからだ。そのため、最初は健康観察や保護者との連絡などから始め、少

オンライン授業のスモールステップ

ステップ	活動内容等
1	**健康観察・連絡手段** ロイロノートで文字（カード）によるやり取りができる
2	**健康観察・連絡手段** ロイロノートで文字（カード）だけでなく写真などによるやり取りができる
3	**健康観察・学習課題提出** ロイロノートなどを使って、教員からの課題の提示、子供から学習したものの提出ができる
4	**健康観察・学び合い** ステップ3＋提出されたものをもとに子供同士の学び合い、教え合いができる
5	**健康観察・学び合い・発表** ステップ4＋子供がZoomなどを使って学んだこと、まとめたことを発表することができる

しずつステップアップしていけばよいという方針で進めていくことにした。最初のハードルを低く設定することで、教員に「このくらいなら、私にもできそう」と思わせることが先決だと考えたのだ。

健康観察や保護者との連絡ができたら、次はカードや写真のやり取り、その次は学習課題の提出、そして最終的には子供同士の協働学習……といった具合に、段階を踏んでステップアップしていく。そのイメージを共有するため、教育センターでは「オンライン授業のスモールステップ」として上のように示した。

3月中旬、新型コロナウイルスの感染拡

大は収まらず、21日には国内感染者が1000人を超えた。教育長の遠藤が想定していた通り、4月の学校再開が難しいことが分かり、いよいよオンライン授業への準備も最終段階へと入った。

熊本市内には、小学校が92校、中学校が42校あるが、小学校と中学校ではICTの導入状況に違いがあった。小学校は「3クラスに1クラス分」のiPadが2019年4月に導入され、すでにロイロノートやメタモジを使った授業が日常的に行われている。2020年4月に新学習指導要領が全面実施となるのを見越し、子供たちが指導要領でうたわれている「主体的な学び」、「協働的な学び」に存分に取り組めるよう、整備を進めていたのだった。

一方、中学校は新学習指導要領の全面実施が2021年4月と1年遅れのため、iPadの導入も小学校より1年遅れていた。2020年4月の段階では、「3クラスに1クラス分」のiPadは導入されていたが、一部の先行導入校を除き、ロイロノートやメタモジなどを使った授業は行われていなかった。

また、オンライン授業といっても、小学校の低学年ではZoomを活用した双方向型の授業は難しい。特に1年生は、45分間の授業を受けた経験がなく、学び方の基礎・基本も身に付いていない。そうした段階で、画面越しの授業を行うのは現実的ではないと判断し、オンライン授業は小3〜中3の約4万7000人を対象に実施することにした。

このように、オンライン授業のプロジェクトは小・中学校それぞれの実情、配備されたiPadの台数、教員のスキルなども考慮しながら、進めていかねばならなかった。そうでなくとも3月下旬は人事異動や学級編制などがあって、教育委員会は忙しい。加えて、この頃には市内の感染者も連日出るようになっていた。関係者は薄氷を踏むような思いだったが、「子供たちの学びを止めない」を合言葉に、準備は進められていった。

3月30・31日——Webツールを活用して家庭のネット環境を把握

前述したように、2020年3月末の段階で、どの小・中学校にも「3クラスに1クラス分」のiPadが配備されていた。これらの端末に各家庭の端末をプラスして、小3以上の全学年・全クラスでオンライン授業を実施するというのが、熊本市の計画であった。いい換えれば、児童・生徒3人に2人程度は、家庭に端末とネット環境がなければなら

家庭のネット利用環境調査（オンライン授業を実施できる環境の有無）

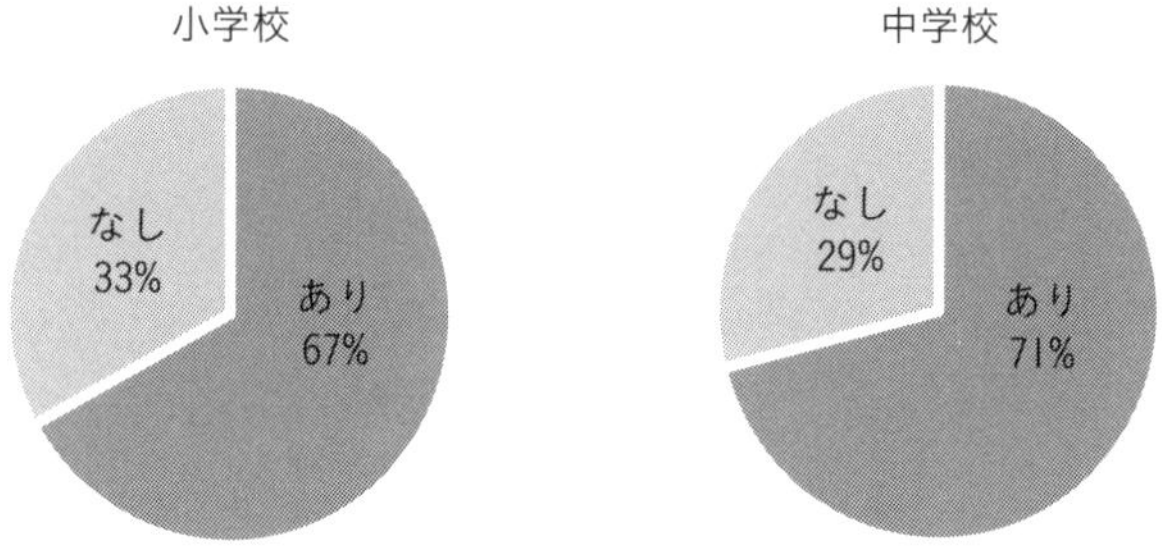

ない。スマホやパソコンが広く普及しているとはいえ、果たしてそうした環境が整った家庭が「67%」もあるのか。関係者の間でも、この点を懸念する者は少なくなかった。

状況を把握するため、3月30・31日の2日間、教育委員会では、各家庭にアンケート調査を行った。アンケートは、教育センターから各学校の安全・安心メールを通して一斉送信し、「マイクロソフトフォームズ」というツールを使って回答・集計を行った。

結果は、小学校67%、中学校71%の家庭で、オンライン授業を実施できる環境が「ある」というものだった。いずれも、ボーダーラインである「67%」をかろうじてクリアし、関係者は胸をなでおろした。細かく調査すればもう少し低くなる可能性はあるにせよ、小学校は低学年で実施しないことを考えれば何とかなるだろうし、中学校も4％のバッファがある。この時点で、オンライン授業プロジェクトは、当初計画の通り進められる見通しが立った。

3月30・31日の調査は、全市的な状況を把握するものにすぎず、次なる段階として、個別に各家庭の状況を調査していく必要があった。そのため、再び「マイクロソフトフォームズ」を活用し、4月3〜8日の間、今度は各学校から家庭に向けてアンケート調査を行った。

すると、いくつか思いもしない状況が浮き彫りとなった。初回のアンケートで「あり」と回答した家庭の中にも、よくよく調べてみると、オンライン授業は難しいケースがあったのである。具体的に、端末はあるが昼間は親が使用している、カメラ機能は付いていても Zoom に接続ができない、マイクの音声入力ができない、などの状況があったのだ。

端末は、パソコン一つとってもウインドウズとMACがあり、搭載されている機能やソフト、セキュリティの状態も多種多様である。デスクトップ型の古いパソコンの場合は、外付けカメラが必要となるが、うまく認識してくれないケースも多い。そもそも、パソコンの場合は、タッチパネル機能が付いていないものが大半で、タッチ操作を前提としたロイロノートやメタモジなどのアプリも使いにくい。

ベストは、やはりタッチパネル式のタブレット端末だが、これを保有する世帯の割合は決して多くない。総務省の「情報通信白書（平成30年版）」を見ても、パソコンの世帯保有率が72・5％に上るのに対し、タブレット端末は36・4％にとどまっている。

こうした状況もあり、各学校では個々の家庭を対象に電話をかけて詳細を聞くなど、人海戦術でのリサーチを進めていった。その結果、中には端末が足りない学校もあり、どう対応していくかを考えていく必要があった。

4月3日――オンライン授業の実施を正式決定し、3日後には研修開催

熊本市では当初、4月9日からの始業を予定していたが、4月3日には教育委員会での会議を経て休校を5月6日まで延長することが決定した。同時に、休校中は授業をオンラインで実施していく方針も正式に決定し、公表した。

スケジュールとしては、4月9日（木）に始業式を実施し、その後10日（金）、13日（月）、14日（火）を臨時登校日として、実質的に休校に入る4月15日（水）からスタートするというものであった。残された時間は、2週間もなかった。

オンライン授業のモデルやZoomの使用方法などについては、教育センターのホームページやフェイスブック、ユーチューブチャンネルなどで公開してはきたが、当然、すべての教員が見ているわけではない。これを周知していくには、やはり対面で説明する場が必要だった。そこで、4月6日と7日の2日間、各校から2人ずつを集めて集合研修を開催することにした。

この頃、新型コロナウイルスの感染拡大はイタリア、スペイン、アメリカなどで爆発的に広がり、一部の都市でロックダウンが行われるなど、衝撃的なニュースが次々と飛び込んできていた。国内の感染者も3000人を超え、オリンピック・パラリンピック東京大会の延期が発表されるなど、「見えない敵」への緊迫感は日に日に高まっていた。そうした状況もあり、2日間の集合研修は複数の部屋に分かれ、注意を払いながら進められた。

本当にオンライン授業なんてできるのだろうか――参加した教員の中には、不安に感じ

4月6日、7日に行われた集合研修の様子

ている者も少なくなかった。特に中学校は大半の教員がｉＰａｄを使った授業すらしたことがない。もちろん、ＺｏｏｍやロイロノートもZ初めてで、ほぼゼロベースからのスタートという教員も少なくなかった。

そうした中で、研修ではＺｏｏｍやロイロノートの使い方などから始まり、その後、オンライン授業のモデルが映像なども交えながら紹介された。さらには、「オンライン授業のスモールステップ（27ページ参照）」が示され、できるところから段階的に実施していけばよいこと、授業の長さや時間割などは、各校で考えて柔軟にしていけばいいこと、指導主事やＩＣＴ支援員がバックアップしていくことなども伝えられた。こうして最初は硬かった教員の表情も少しずつやわらいでいった。

2日目の研修が終わった頃、テレビから安倍首相の記者会見が流れてきた。東京や大阪など7都道府県に対する「緊急事態宣言」の発出であった。それ以降、全国的に多人数でのミーティングが自粛を求められたことを考えれば、まさにぎりぎりのタイミングであった。リスクもある中での開催ではあったが、2日間に亘り面と向かって丁寧に説明を行い、オンライン授業の実施に必要な情報を提供し、現場の不安材料を減らすことができたことは、各校がオンライン授業を円滑に実施していく上で、大きなポイントとなった。

4月8日――集合研修の内容を各学校で共有

4月8日、熊本市内の各小・中学校では、集合研修に参加した教員が、研修で聞いてきたことを自校の教員に説明した。どの教員も、1週間後の15日には、自らがオンライン授業を実施しなければならない。そのため、Zoomの使い方、ロイロノートを使った課題の出し方や回収方法、オンライン授業の組み立て方などを真剣なまなざしで聞いた。ある小学校教員は、「最初は不安だったが、集合研修に参加してきた先生から具体的な実践方法を聞いて、これならできるかもしれないと思った」と話す。

熊本市では、学習者用の端末導入に先立ち、教員用の端末は1人1台ずつの貸与が完了していた。そのため、中学校の教員も最低限の基本操作はマスターしており、指導の道具として有用であることは理解していた。こうした土台があって、オンライン授業のノウハウを校内で共有する作業も、比較的スムーズに進んでいった。

4月9〜14日の間に、熊本市の各学校では3日間の臨時登校日を設定し、入学式や始業式、学級開きなどを行った。「オンライン授業をやるにしても、顔も名前も知らないクラスメイトとでは厳しい。そのために顔合わせをする必要があった。感染拡大のリスクと学習効果のバランスを考えたギリギリの選択が3日間の登校日だった」と、教育長の遠藤は振り返る。同じ4月には富山市の小学校でクラスター感染が起こるなど、事態はまったく予断を許さなかった。

この間、各学校ではオンライン授業の計画づくりも進められた。どのような時間割を組み、どの教科でどんな授業を行うのか、教員同士で知恵を出し合いながら、練り上げていった。子供がきょうだいで同じ学校に在籍しているような場合は、オンライン授業の実施時間を学年でずらすなどして、家庭に1台しか端末がなくても対応できるようにした。また、各端末にZoomをインストールした上で、どの端末をどの子供に渡すかも、端末にシールで付された番号を控えるなどして整理した。さらに、家庭の端末とネット環境を使う場合は、端末の性能や通信回線の状況なども、各学級担任が細かく調べていった。

登校日、教員は子供たちに15日からオンラインで授業することを伝え、具体的な段取り、内容などを説明した。また、校内の端末を用いてリハーサルも行った。初めてZoomの画面を見た子供の中には、画面にズラリと並ぶ友達の姿に興奮気味の者もいたという。

幸い、学校でのクラスター感染も起こることなく、3日間の登校日は無事に終了した。いよいよ15日からはオンライン授業が始まる。一斉休校に入ってから45日間、できる限りのことはした。市内全134校、約4万7000人もの児童・生徒を対象にした壮大なプロジェクト。もしうまくいけば、今後どのようなリスクが到来しようとも、子供たちの学びを途切れさせずにすむ。果たして順調に事が運ぶのか、関係者は期待と不安が入り交じった気持ちで、15日の朝を待った。

4月15日——いよいよオンライン授業がスタート

4月15日（水）、いよいよオンライン授業がスタートした。まずは朝の健康観察。指定した10時の少し前、教員がZoomにログインすると、すでにたくさんの子供たちが待機していた。「先生おはよう！」と、子供たちの元気な声が画面越しに飛び交う。教員も子供も「離れた場所からつながる」という初めての体験に、気持ちが昂る。

「それでは、1人ずつ名前を呼んでいきますので返事をしてください。」

教員がそう呼びかけ、朝の健康観察が始まる。

各校のオンライン授業は、こんな形で最初の一歩を踏み出した。熊本市教育委員会が「オンライン授業のスモールステップ」で示した「1」からのスタートだが、多くの教員は子供たちとつながれた瞬間、「何とかやっていけそう」と感じたという。

「まずはZoomやロイロノートでつながる。そして健康観察。続いて課題の提出。こうして段階を踏んでいけば、徐々にステップアップしていけると考えていた」と、教育センター副所長の本田は当時を振り返る。

その言葉通り、5月のゴールデンウイークがすぎた頃から、各校のオンライン授業はさまざまな工夫が見られるようになっていった。アプリの操作に不安のある教員が、ICTが得意な教員とペアを組み、オンライン「ティーム・ティーチング」を実施した学校もあった。また、社会科の教員と理科の教員がペアになって、教科横断的なオンライン授業を行った学校もあった。

教育センターでは、こうした現場の創意工夫をさらに活性化するため、ユーチューブの公式チャンネルに、「Ｚｏｏｍでブレイクアウトルームをはじめよう！」と題した動画を公開した。「ブレイクアウトルーム」とは、Ｚｏｏｍに参加している人を小グループに分割する機能で、例えば30人のクラスを６人ずつの５グループに分けることができる。いわゆる班活動をオンラインで実施できる機能で、動画ではその設定方法などを解説した。

小学校では、５月中旬頃からこの「ブレイクアウトルーム」を使った学習活動が、多くの学校で行われるようになった。教員が課題を出し、グループで話し合って成果物としてまとめる。最後に再び全員に戻って発表をする。「オンライン授業のスモールステップ」の「５」の段階である、子供同士による協働的な学びが、多くの学校で画面越しに展開されていった。

もちろん、すべての学校が同じレベルに達したわけではない。左ページの図は、休校期間の終了が近付く5月22日の段階で、小学校の高学年と中学校がどの段階まで達したかを示したものだ。

小学校高学年では、すべての学校が「3」以上、すなわちロイロノートなどを使っての課題提示、課題の提出などができるところにまで達し、「4」の子供同士での学び合いまでできた学校も26校、「5」のZoomを使ったまとめや発表までできた学校も39校に上った。

一方の中学校のほうは、すべての学校が「3」以上まで到達はしたものの、「4」までできた学校は13校、「5」までできた学校は4校と、小学校に比べると少なかった。

前述したように、「3クラスに1クラス分」の端末配備が行われてから1年間、iPadの活用が行われてきた小学校に対し、中学校ではiPadを活用した授業がまだ始まっておらず、Zoomはもちろん、ロイロノートやメタモジなども大半は使ったことがない。そう考えれば、全学校が「3」以上まで進み、「4」「5」まで進んだ学校もあるのは画期的ともいえる。「iPadを活用した授業やロイロノートが初めてという状況の中で、中学校の先生方も本当によく頑張ってくださった」と教育センター副所長の本田は語る。

オンライン授業の達成度合

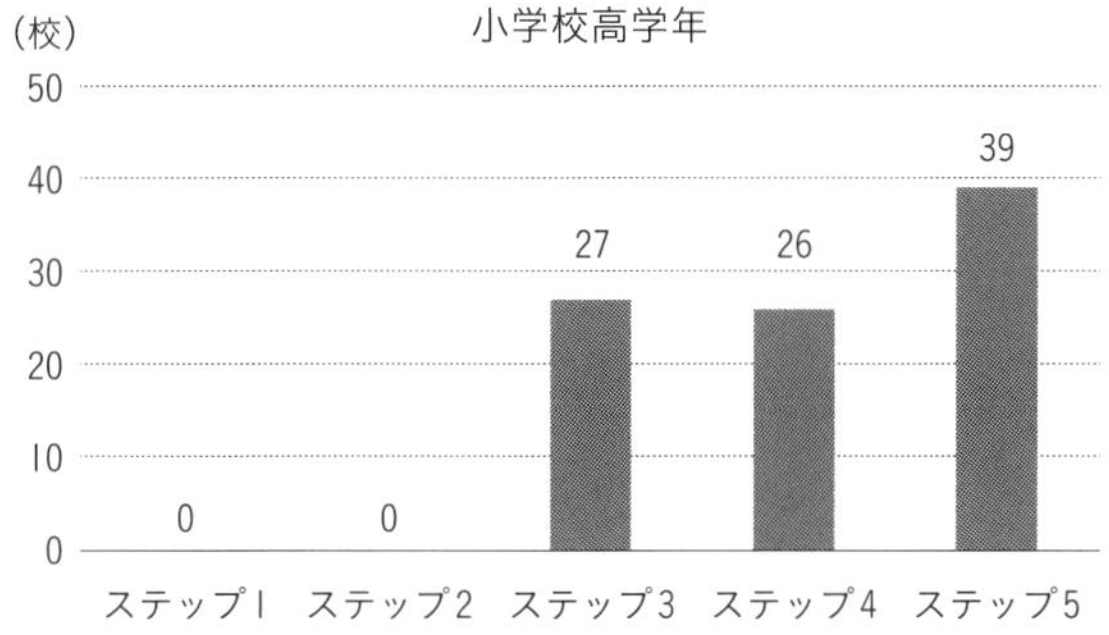

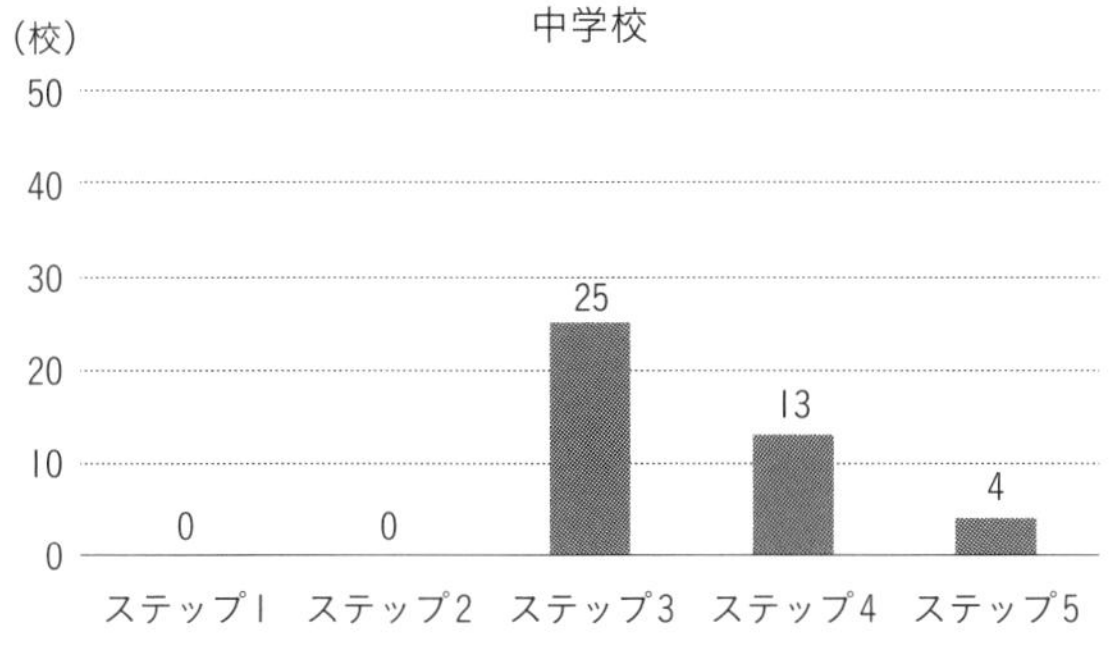

5月25日——登校再開後に実感したオンライン授業の効果

5月14日、東京や大阪などを除く39県の緊急事態宣言が解除された。熊本市内でも、5月8日を最後に感染者が出ていないことから、市教委では5月25日から「分散登校」を開始し、6月1日からは半日登校、6月8日からは通常登校に戻すことを決定した。

分散登校とは、教室内の密集を避けるために1クラスを2グループに分け、日を変えて登校させるというものである。そのため、一般的には教員は、同じ授業を2回行わなければならない。新年度の約2カ月間の遅れを少しでも取り戻したい状況の中で、いらだちを覚えた教員も全国的に多かったに違いない。

一方、熊本市内では家庭と教室をオンラインでつなぎ、クラス全員が同時に授業を受けるという試みが、分散登校期間中に多くの学校で行われた。こうすることで、教員は同じ授業を2回する必要はなくなり、クラス内で起きた出来事なども全員で共有できる。

6月に入ると、全国各地の学校が相次いで再開し、正規の時間割に基づく授業がスター

分散登校中のオンライン授業

トした。教員にとっても子供にとっても、ようやく新年度が始まったという感じで、友達との人間関係づくりもほぼゼロから始めなければならなかった。学校と家庭が分断された3カ月間の代償は大きく、気持ちが切れてしまい、学校に通えない子供も多かったと聞く。

一方、熊本市内の子供たちは、休校期間中も学校と毎日つながり、友達との人間関係をしっかりと築くことができた。何より、毎日の健康観察と時間割に基づく授業を通じ、規則正しい生活習慣が保たれたことは、子供の成長という点でも、6月以降の教育活動を円滑に進めていく上でも大きかった。これまで不登校気味だった子供も、オンライン授業には積極的に参加し、再開後も学校に通えているケースが多かった（第3章で詳述）。

6月、熊本市では、オンライン授業のノウハウを生かす形で、新たな取り組みをスタートした。新型コロナウイルスへの不安などにより、登校を見合わせている子供や不登校の子供に対し、希望があれば授業のライブ配信を行うというものだ。

その少し前の5月31日、教育長の遠藤は、自身の公式ツイッターを通じて、次のようなメッセージを発信している。

「先週からの分散登校では、多くの子供達が喜んで登校していたようで嬉しくなります。しかし、無理する必要はありません。みんなが楽しそうに登校していたとしても、うちの子は登校するのが辛そうだとか、コロナが心配で登校させたくないという場合には、遠慮なく休ませて構いません。健康第一です。」

このツイートの反響は大きく、実に1万3000以上の「いいね」と、4000以上のリツイートがあった。フォロワーからは「子供のことを考えてくださる教育長で羨ましい」「こんな素敵な考えをもった教育長の地域で、学校生活が送りたい」などの返信が寄せられたが、このツイートが単なるやさしさ・配慮だけでなく、子供への学習保障も視野に入れた上での方針だったことが、その後の施策からも分かる。

特別コラム１

２０２０年７月に発表された文部科学省白書ではＩＣＴは「新たな時代のスタンダード」と位置付けられた。このような時代において、ＩＣＴ教育が果たす役割はどのようなものか、日本の教育の情報化に長年貢献してきた堀田龍也（東北大学大学院情報科学研究科教授）氏に、特別コラムを寄稿していただいた。

情報技術が高度に発展する、これからの時代の学校教育とは

私たちの身の回りはすっかり情報化している

私たちは日頃から、生活の中でスマートフォン（スマホ）を使い、知らない言葉を検索

したり、ネットニュースを読んだりします。天気予報のサイトにアクセスすると、雲の動きがリアルに分かり、何分後に雨がやむのかもほぼ確実に当たります。そういう情報を手元のスマホで得ることができる社会に暮らしています。

旅行の際には、行き先を検索し、地図で確認し、飛行機や新幹線の予約もスマホで簡単にできます。宿泊先は評判を見ながら決定し、すでに登録している自分の情報が反映されている予約サイトで簡単に予約できます。食事に出かける前に評判のいいお店を探します。写真をいつでも撮影し、友人と共有できます。テレビ電話もできます。

オンラインで買い物をすることも一般的なことです。それだけでなく、街角での買い物も今やスマホによる電子決済に移行しつつあります。現金を使わないまま1日が終わることも増えてきました。

私たちの生活はこれだけ情報化しています。10年前はどうだったか覚えていますか？日本にiPhoneが上陸したのが2008年、それからようやくスマホが普及し始めました。総務省『情報通信白書（令和元年版）』によれば2010年のスマホの保有率（世帯）はわずか10%ほどでしたが、2012年に約50%、今では約80%です。

20年前のスーパーコンピュータは、現在のスマホ以下の性能だったそうです。私たちは、そんな高機能のスマホをいつでもどこでも利用できます。これが現在の情報社会です。

少し先の未来

昭和の時代に登場した現金自動預け払い機（ＡＴＭ）は、かつては銀行の窓口で人間が行っていた銀行口座への入出金に関わる業務を機械化した装置です。ＡＴＭの普及によって24時間いつでも入出金ができるようになりました。

ＡＴＭの登場によって、銀行は人員を減らすことができました。悲観的にいえば「機械に仕事を奪われた人がいる」ということになりますが、もっと前向きに「機械にできない仕事を人間が担当する」と考えるようになったということでもあります。銀行の窓口は現在も残っていますが、その業務は単純な入出金ではなく、融資の判定などの複雑な業務に変化しました。求められる人材像が変化したということです。

消費税の増税をきっかけとして、政府は電子決済の普及に力を入れ始めました。今ではコンビニをはじめいろいろなお店で電子決済ができるようになりました。便利なので普及も速く、人件費が削減できるのでキャッシュバックなどが実現しています。テクノロジーによってコストダウンが進んでいるのです。電子決済の普及によって、今後は現金の流通量がどんどん減少していくことになります。その結果、ＡＴＭは次第に撤去されつつあります。ATMからの現金強奪などの犯罪も減っていくことでしょう。

銀行業界は、この数十年で大きな変化を遂げてきたことになります。情報技術の進展を前提に、「銀行とは何をするところなのか」という仕事の本質を捉え直し、銀行員たる資質・能力とは何かを考えてきたのです。

例えば農業では、生産人口がいち早く減少し、高齢化も進みました。しかし今では若い人たちの農業への参入が増加し始めています。トラクターが無人運転となり、GPSを利用して田畑の形に対して数センチメートルのズレという精度で稼働できるようになりました。無人のトラクターが自動で耕し、コンバインが無人で刈り取るといったことがすでに現実になっています。農薬散布にもドローンが用いられています。センサーによって生育具合に応じて効率的かつ正確に農薬を撒けるため、薬剤の量が少なくでき、コストダウンにもつながります。こうしたテクノロジーの活用は、水産業や林業でも起きています。

世界的には人口爆発による問題が懸念されている一方で、日本では少子高齢化人口減少社会を迎えています。少子高齢化は、先進国では珍しくない傾向ではあるものの、それが世界で最も早く訪れているのが我が国です。今までの社会構造では無理が生じます。

今後は、ロボットやAIの実用化によって、単純労働を中心に現在存在する多くの職業が影響を受けるといわれています。労働者に求められる能力に変化が生じ、創造性や協調性が必要な業務や非定型な業務が仕事の中心になることが予想されています。人手不足とテクノロジーの発達を前提として就労構造の変化が大きくなっていきます。民間ではもはや終身雇用は崩壊しています。

さて、このような時代を支える子供たちに、学校は必要な教育を施せているでしょうか。多忙で過酷な学校現場とはいえ、現段階では公立学校の教員は終身雇用で身分保障されています。社会の変化に学校が気付きにくい環境になってはいなかったでしょうか。

これからの学校教育の役割

学校教育の役割は、社会に出てから必要になる知識・技能を、多様な集団の中で発達段階に合わせながら身に付けさせることです。これまで説明してきたように社会が変わっていますから、学校教育は当然変わるべき段階にあります。

2020年度から新学習指導要領が全面実施となっています。今回の学習指導要領は、先々の変化の激しい社会、価値観の多様化した社会、高度に情報化や国際化した社会において、人口減少の中でも持続可能な社会の実現を目指すことが強く意識されています。

「GIGAスクール構想」によって合計4610億円もの巨額の補正予算が措置され、児童生徒1人1台の情報端末が行き渡るようにすることも、新しい時代を支える子供たちの教育を施すことと無関係ではありません。学校で学ぶ道具として情報端末を用い、情報活用能力を高め、それを発揮しながら各教科の学習を深めていくような学習活動が求められています。押し寄せる多様な問題を解決できる能力の育成を目指して、毎時間の授業を問題の設定と解決と捉える目線を育て、情報端末を用いて多様なリソースに当たり、友達と対話・協働しながら学ぶ経験をさせ、自己の知識・技能の更新を意識させることが求められています。これらは、いずれ変化の早い社会に出て行くすべての児童・生徒に対して必要な経験なのです。そのような学習活動には、さまざまなリソースにアクセスすることは不可欠ですし、必要な情報を共有したり再利用したりすることや、必要に応じてプレゼンテーションするような機会が多く生じます。だから1人1台の情報端末が必要なのです。

なお、情報端末に注目が集まりがちですが、何百台もの情報端末が頻繁にインターネットに接続し、クラウドに情報転送をし、動画などを視聴したりすることを保障するような高速ネットワークの確保は大変重要です。おそらく現状の100倍から1000倍の速度が必要です。これらのICT環境整備は、自治体と教育委員会の役割です。

熊本市の取り組みへの期待

学校数や児童・生徒数が多い政令指定都市のICT環境整備は大変です。数年に亘る段階的な整備が必要になりますし、台数が多くなるためどうしても多くの予算が必要になります。一方で、教員の採用や研修も政令指定都市が行う例も多く、教員の任命権者と学校の設置者が同じであるというメリットもあります。ICT環境整備に苦労が多いものの、導入後のモデル校の指定や、計画的な教員研修など、活用推進のための方策を総合的に企画することができますし、政令指定都市には必ず地元の国立大学などがありますから、大学との連携もしやすいという特徴があります。

熊本市のICT環境整備は、長い間、全国の政令指定都市の最後尾に近い位置でした。これをトップレベルへと押し上げようと、大西市長と遠藤教育長が協力し、市役所の関係部局が連携して、2018年から3年がかりで2万台以上の情報端末を整備する計画を立てました。GIGAスクール構想に合わせて、これをさらに加速するよう見直しました。

導入開始から1年半ほどで迎えた新型コロナウイルス感染症による学校の休校でも、すでに整備した情報端末を効率的に利用し、家庭の協力を得ながらオンライン授業を実施しました。そのための教員研修も盛んに行われました。熊本大学との協力関係も力を発揮しました。地元放送局との協力を得たり、オンデマンドの動画教材なども活用しました。

熊本市によるICT環境整備の特徴として、まず公衆回線を利用できるようLTEで整備したということが挙げられます。これによってWi－Fi環境が十分ではない場所でもネットアクセスが可能になります。もう1つは、過剰なフィルタリングや多すぎるソフトウェアの導入を避けたことです。シンプル・イズ・ベスト。あとは現場の創意工夫です。

学校の設置者は各地方公共団体の教育委員会です。ICT環境整備は設置者の役目です。設置者がどのような教育ビジョンをもっているかで、ICT環境整備への投資や工夫が変わります。これに対して、国は大きな方向と基準を作成し、各学校は運用に責任をもつ。この関係を明確に意識し、各レイヤーがビジョンをもって責任を果たす教育。すべてが多様化するこれからの時代は、そういう教育が必要とされています。

堀田龍也（東北大学大学院情報科学研究科教授）

第2章

なぜ、熊本市でオンライン授業ができたのか

「はじめに」で書いたように、熊本市は財政的にこれといって恵まれた状況にない。加えて、数年前までは学校におけるＩＣＴ環境の整備も遅れていた。そんな自治体が全市でのオンライン授業を実現し、先進自治体として脚光を浴びることになった背景には何があったのか。過去数年間の道のりをたどりながら、検証していく。

20政令指定都市中19位だった熊本市の学校ICT環境

文科省が毎年公表している「学校における教育の情報化の実態等に関する調査」という調査統計がある。2006（平成18）年度から毎年、学校におけるICT環境の整備がどのくらい進んでいるのか、都道府県別や区市町村別のランキングなど生々しいデータも公表されている。

この調査の項目の一つに「教育用コンピュータ1台当たりの児童生徒数」がある。児童・生徒用のパソコンやタブレット端末が何人に1台あるかというもので、学校のICT環境を測る指標としては最も分かりやすい。

2017年度調査における熊本市のデータは「12・3」。つまり、児童・生徒12人に1台程度しか使える端末がなかったことになる。恐らく、500人規模の学校に40台のパソコン教室が一つ、といった状況にあったのだと推察される。区市町村別の順位は1816自治体中1782位。下から数えて35番目、政令指定都市の中では20自治体中19位という状況であった。ちなみに、全国平均は「5・6」なので、熊本市はその半分にも満たない普及率だったことが分かる。

2017年度調査における教育用コンピュータ1台当たりの児童生徒数（政令指定都市のみ）

順位	自治体名	人数
1	大阪市	3.4
2	静岡市	5.1
3	京都市	5.2
4	北九州市	5.5
5	新潟市	6.2
6	札幌市	6.4
7	川崎市	6.7
8	横浜市	6.9
9	広島市	7.1
10	浜松市	7.6

順位	自治体名	人数
11	堺市	7.7
12	仙台市	8.4
13	神戸市	8.7
14	千葉市	9.0
15	相模原市	9.3
16	岡山市	9.4
17	名古屋市	10.4
18	さいたま市	11.7
19	**熊本市**	**12.3**
20	福岡市	13.5

ランキング表を眺めると、上位はほぼ小規模自治体が占めている。自治体によっては、やや一点豪華主義的に学校のICT化を進めているケースもあり、そうした自治体と比較するのは妥当ではない。問題は他の政令指定都市との比較（上の表参照）だが、「下から2番目」というのは、熊本市の関係者にとって看過できないものがあった。

教育長の遠藤は着任前、自ら起業した青山社中という政策・人材・組織づくりを事業とする会社の共同代表を務め、2015年7月から熊本市の教育大綱の策定に関わっていた。また、元文部科学官僚でもあり、熊本県には社会教育課課長として出向していたこともある。同年8月、教育大綱の策定に向けて市民や教員約1万人を対象にアンケート調査を行う中で、遠藤は熊本市の教育に次のような印象をもったという。

「教員の指導力は、非常に高いものがあると思った。一方で、学習指導や生徒指導の方法や内容は古いままで、昭和の学校がそのまま残っているような感じ。県外・市外から引っ越してきた人の評判も芳しくなく、30年は遅れているような印象だった。」

よくいえば伝統を重んじる気質が強く、悪くいえば前時代的で封建的。出身高校による学歴主義が根強く残り、中学校が高校の受験予備校と化しているような状況もあったという。学校のICT整備の遅れも、これら旧来型の教育システムの中で、その必要性が認識されなかったのかもしれない。

10年前まで「先進自治体」からの転落

しかし、データを遡って見ると、熊本市の学校ICT化が昔から遅れ続けていたわけではないことが分かる。今から13年前、2007年度の調査では、端末1台当たりの児童・

生徒数が「9・5」となっており、全国平均の「7・0」と比べても遜色ない。現在の20政令指定都市との比較でも、中ほどに位置している。

注視したいのは2017年度データとの比較だ。2007年度が「9・5」なのに、10年後の2017年度は「12・3」と普及率が下がってしまっている。つまり、10年の間で古くなったパソコンの廃棄だけが進み、新しい端末がほとんど導入されなかった様子がうかがえる。全国的に端末の整備が進む中で、熊本市に一体何があったのか。当時をよく知る、熊本市教育次長の塩津昭弘は、その経緯を次のように説明する。

「実をいうと、熊本市の情報教育は、かつてはとても盛んだった。2001年度には新しいパソコンを各校に導入し、イントラネットや校内LANも構築して、当時最も速い光回線も敷いた。そうして数年の間は、一部の熱心な教員を中心に、ICTの活用が盛んに行われていた。」

自身も一教員として積極的にICT活用に取り組んでいたという塩津は、当時の熊本市は「全国的に見ても進んでいた」という。ところが、そうして10年ほどが経った頃、思わぬ事態に直面する。

「2010年度以降に端末やサーバを更新する予定だったが、予算が付かずに円滑にできなかった。その結果、徐々に機器や設備が時代遅れになり、現場でも使われなくなっていった。」

２０１０年というと、日本でスマートフォンが普及し始め、ｉＰａｄの第１世代が発売された年である。学校教育においては総務省の「フューチャースクール推進事業」が始まり、タブレット端末や電子黒板（インタラクティブ・ホワイト・ボード）を用いた実証実験が全国各地のモデル校でスタートした年でもあった。いわば、教育におけるＩＣＴ利用の主役が、パソコンからタブレット端末に代わろうとする節目の年であったともいえる。そんな年に、熊本市では予算がつかず、機器や設備の更新ができなかったとは、皮肉というしかない。

そんな出来事もあって、次第に教育委員会事務局には「どうせ予算が付かないだろう」といった諦めムードが漂うようになっていった。一方、国では２０１１年に「教育の情報化ビジョン」が示され、ＩＣＴの活用を通じて教育の質を高めていくという方向性が、明確に示された。そして、当時の新しい学習指導要領に合わせて、さまざまな取り組みが自治体・学校レベルで行われるようになった。中には佐賀県武雄市のように児童・生徒１人１台のタブレット端末を導入し、小学校低学年からのプログラミング教育を始めるなど、一躍注目を集める自治体も現れた。一方、熊本市は時流に取り残され、学校ＩＣＴに関しては「後進自治体」となってしまっていった。

転機は熊本地震

こうした状況がある中、大きな転機となったのが、2016年4月に起きた熊本地震であった。4月14日、16日の2回に渡り、最大震度7を記録したこの地震で、熊本県内は50人の死者を出すなど、大きな打撃を受けた。多くの建物が損壊し、水道・ガスなどのインフラは止まり、18万人以上もの人が避難所生活を余儀なくされた。

2014年に熊本市長となった大西は当時、ツイッターを使って被災状況を把握し、飛び交うデマやフェイクニュースなどに冷静に対処するよう呼び掛けるなど、イニシアティブをとった。また、「強いリーダーシップを示すことが市民の安心につながる」として、被災直後はトップダウン型の対応を敢行する一方で、被災から1カ月がすぎた頃からは市民の声に耳を傾け、組織的に施策を検討するボトムアップ型の対応を徹底していった。

2016年4月に起きた熊本地震で崩れた熊本城の石垣

熊本が真に復興し、持続可能な都市として発展していく上で、何が必要なのか——さまざまな諸施策を考える中で、大西が目を向けたものの一つが「教育」だった。「熊本のシンボル・熊本城が完全に復旧するまでには20年の歳月を要する。その間、熊本の復興の担い手となるのは今の子供たち。ここに投資をしていかねば、復興は成し遂げられないと思った」と大西はいう。

そのためには、先進的な目をもつスペシャリストを教育長に据える必要がある——そう考える中で、声を掛けたのが遠藤だった。前述した通り、当時遠藤は青山社中の共同代表として、熊本市の教育大綱の策定に携わっており、全国的な動向などから熊本市の教育を俯瞰的に捉えていた。

市長の大西一史

熊本地震から約1年後の2017年4月、遠藤は熊本市教育長として着任した。しかし、2010年の一件以来、教育委員会事務局には、「どうせ予算が付かないだろう」といった諦めムードが漂い、予算要求すらろくにしないような状況が続いている。児童・生徒用コンピュータの配備率は、政令指定都市の中で下から2番目。遠藤はそうした実情を市長に伝えた。

「遠藤教育長から報告が上がってくるまで、私はそうした状況にあることをまったく知らなかった。熊本はむしろ進んでいると思っていた」と大西は話す。そして、市長として財政面で支援していくことを約束しつつ、遠藤にこう伝えた。

「3年間で、政令指定都市ナンバーワンにしてください。」

こうして、学校のICT化に向けた熊本市のプロジェクトは幕を切って落とされた。

「Wi-Fiモデル」ではなく「セルラーモデル」のiPadを導入した理由

一口に「学校のICT化を進める」といっても、そのやり方はさまざまである。どのような端末を導入し、どんな通信回線を敷くのか、セキュリティをどうするかなど、一つひとつ決めていかねばならない。もちろん、予算との兼ね合いもある。

実は、今回のコロナ禍で熊本市がオンライン授業を実施できた理由の一つに、通信機能を備えた「セルラーモデル」のiPadを導入していた点が挙げられる。セルラーモデルはどこからでもアクセスが可能なため、家庭に無線LANが敷かれてなくても、インターネットにつなぐことができる。もし、通信機能を備えていないモデル、無線LANが飛んでいるところでしかインターネットに接続できない「Wi-Fiモデル」の端末が導入されていたら、オンライン授業が実施できる範囲は大幅に縮小されていたか、あるいは実施すらされていなかったかもしれない。

なぜ、セルラーモデルの端末を導入したのか――関係者の話を聞く限り、決して将来的にオンライン授業を見据えていたというわけではない。むしろ、「選択肢がそれしかなかった」というのが率直なところであった。

話は、やはり２０１６年４月の熊本地震に遡る。地震により、市内の小・中学校も大きな被害を受け、多くの学校が避難所となった。特に被害の大きかった桜木小学校と東野中学校は校舎が半壊し、授業ができなくなった。学校は５月の連休明けまで約１カ月近く休校を余儀なくされ、子供たちの学びは完全に止まってしまった。

そこへ支援を申し出たのが、ＮＴＴドコモだった。桜木小学校に70台、東野中学校に70台と教職員用に10台、計１５０台のタブレット端末を無償で貸与したいとのことだった。

「震災への復興支援という点で何ができるかと社内で話し合った。そして、ＮＴＴドコモとしては学校教育を支援していきたいという話になった。」

ＮＴＴドコモ九州支社法人営業部ＳＥ担当部長だった徳永勇人は、当時をそう振り返る。

地震の影響で子供も教職員もモチベーションの維持に苦労する中、学校としては実にありがたい申し出だった。

実はこの時に貸与されたのが、セルラーモデルのiPadだった。震災復興支援のため、通信費用は無料で、通信量の制限も特になし。そのため、校内はもちろん、校外学習などでも活用できた。スマートフォンと同じように、いつでもどこでも手軽に使える便利さを、多くの教員、子供たちが実感した。

とはいえ、これから先、全市にセルラーモデルを導入するとなれば、相応の通信費が毎月のランニングコストとして掛かってくる。そのため、端末の導入に際しては、予算との兼ね合いも見ながら、セルラーモデルとWi－Fiモデルの両睨みで進めていくこととなった。

2017年12月、文科省が「平成30年度以降の学校におけるICT環境の整備方針」を示した。この方針には、「学習者用コンピュータ3クラスに1クラス分程度」「指導者用コンピュータ1人1台」「大型提示装置と実物投影機を各普通教室に1台」などが、整備目標として示されていた。いずれも、当時の熊本市の整備状況とは大きくかけ離れていたが、これを目標にタブレット端末を2万3460台、電子黒板と実物投影機を各2350台、導入していく方針を固めた。

導入は2018年の9月に24校（小学校16校・中学校8校）の先行導入校から始め、2

019年4月までに全小学校、2020年4月までに全中学校といった形で、進められることとなった。小・中学校とも、当時改訂の真っただ中にあった新学習指導要領が全面実施される1年前までに導入を完了し、授業での活用がある程度は進んだ段階で、新課程を迎えたいとの思惑があった。

とはいえ、このスケジュールで導入するとなると、残された時間はあまりにも短かった。当初は校内LANを整備し、Wi-Fiモデルを導入することも検討されていたが、地震後の復旧工事で業者が人手不足な状況もあり、とても間に合わないことが分かった。その結果、ランニングコストが掛かることは承知の上、セルラーモデルの端末を導入することが決まった。

もう一つ、端末をセパレート型のウインドウズPCにするか、iPadにするかも決めなければならなかった。ウインドウズPCであれば、日頃多くの教員が使っているOSだけに、教材との連携も図りやすい。セパレート型はキーボードと本体を切り離すことができ、パソコンとしても使えるし、タブレット端末としても使える。一方のiPadも、多くの人が使っているiPhoneと同じインターフェースなので、操作で迷うことが少ない。こちらもキーボードを付ければ、パソコンと同様に使うこともできる。どちらの端末

導入のスケジュール

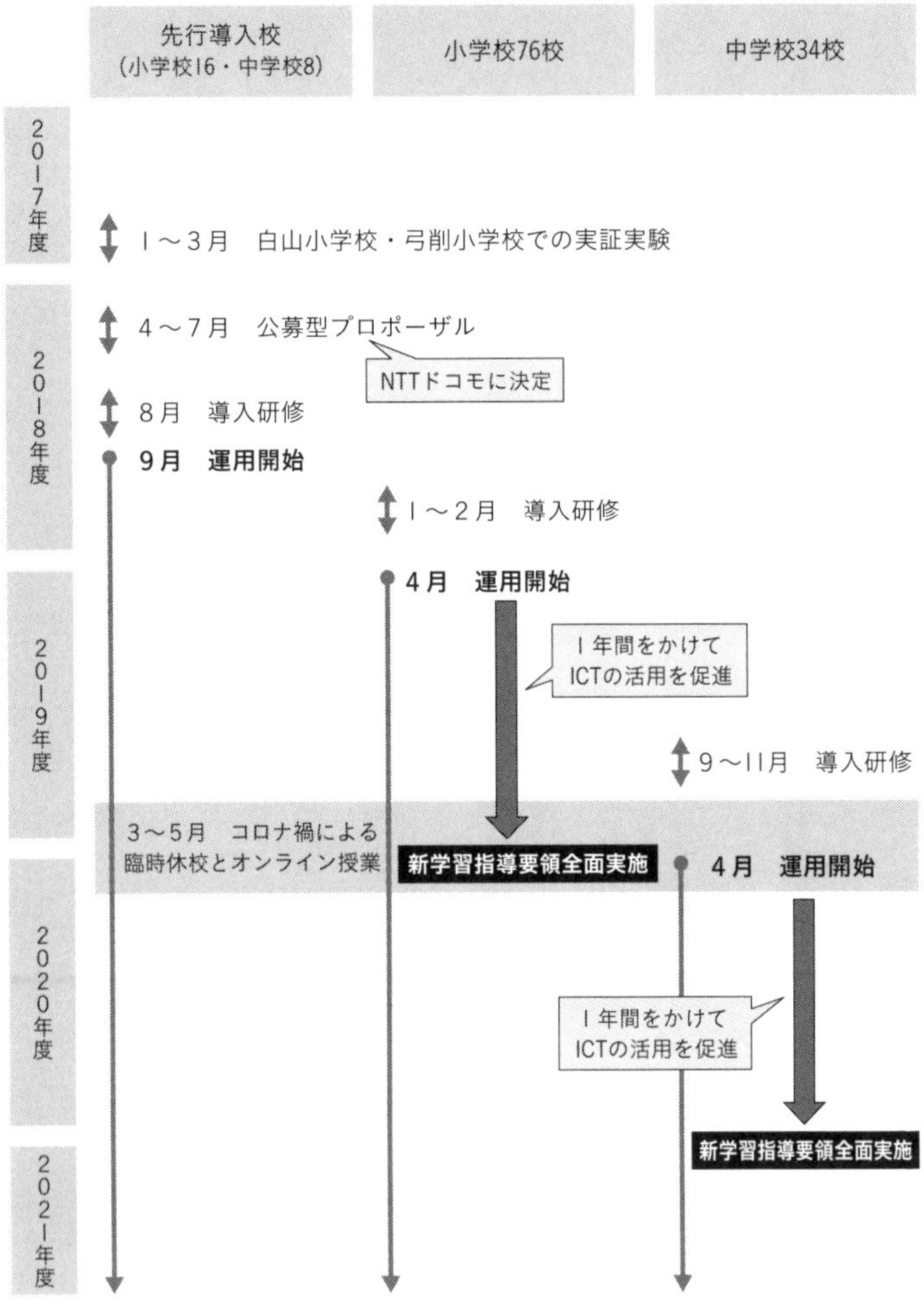
先行導入校
(小学校16・中学校8)
小学校76校
中学校34校
2017年度
2018年度
2019年度
2020年度
2021年度
1～3月　白山小学校・弓削小学校での実証実験
4～7月　公募型プロポーザル
NTTドコモに決定
8月　導入研修
9月　運用開始
1～2月　導入研修
4月　運用開始
1年間をかけて
ICTの活用を促進
9～11月　導入研修
3～5月　コロナ禍による
臨時休校とオンライン授業
新学習指導要領全面実施
4月　運用開始
1年間をかけて
ICTの活用を促進
新学習指導要領全面実施

にもメリットがあり、甲乙付けがたかった。

市内のすべての学校に導入することを考えれば、ここは慎重に選定したい――そんな思いから、二つの端末を使って実証実験を行うこととなった。具体的に、2018年1月から3月までの3カ月間、白山小学校にウインドウズPC40台、弓削小学校にiPad40台を導入し、授業等での活用を通じて、操作性やバッテリーの駆動時間、通信トラブルの有無などを検証した。その結果、iPadの導入が決まった。

「どうせ予算は付かない」と諦めていた現場が驚いたICT化の事業費

熊本市ほどの規模の自治体が、これだけ短期間に、これだけ大量の端末を導入した例は、過去に類を見ない。当然、投じた経費も相応の規模に上る。実際にどれほどの投資が行われたのか、公開されている情報をもとにひも解いてみる。

まず、タブレット端末の導入経費は5年間の業務委託契約で29億8134万円。ここに、

iPadのレンタル費と通信費、充電保管庫、キーボードやタッチペンなどの消耗品の購入費の他、教員向けの研修を実施する費用も含まれている（端末の単価や通信料などの内訳は非公開）。参考までに、この29億8134万円を端末台数で割り、1台当たりの月額を算出すると2117円程度となる。2万台以上の端末を導入すれば、その程度まで単価が下がるという点は覚えておきたい。

次に大型提示装置、いわゆる電子黒板だが、こちらは6年間のレンタル契約で10億1469万240円。1台当たりに換算すると約43万円となる。そして最後に、実物投影機だが、こちらは備品として購入し、総額で6308万2800円。1台当たり2万6730円となっている。

これらをすべて合計すると40億5911万3040円。iPadは5年分、電子黒板は6年分としても、毎年度7億～8億円は学校ICT化に新たな費用を投じていくという計算となる。

本書の冒頭で述べた通り、熊本市の財政事情は決して恵まれていない。自治体の財政力を示す財政力指数は0・71（2018年度）と、政令指定都市の中で最も低く、平均値の0・86を大きく下回っている。そうした厳しい懐事情を考えれば、40億円にも上る投資は、大きな決断であったに違いない。

「教育ＩＣＴにはどうしても予算が掛かる。だが、長い目で見れば、ここで一気に投資したほうが、多くの子供たちにいち早く、そうした環境で学んでもらうことができる。『これは未来への投資なんだ』と、みんなの気持ちが一つになって導入が決定した」と、大西は語る。

確かにＩＣＴの進化は日々目覚ましく、教育現場においても多様な実践が花開き始めている。１年、半年の遅れが、目に見えないハンディキャップになる可能性も十分にあろう。そう考えれば、40億にも上る「未来への投資」も、決して大それた数字ではない。

一方、大西自身は「本来必要な投資を行った結果」との捉え方もしている。

「一期目の市長選の際、市民から多く寄せられた要望の一つが学校のエアコン設置だった。連日の猛暑に加え、微小粒子状物質（ＰＭ２・５）が環境基準を上回り、教室の窓を閉め切って授業を行わなければならない日が続くなど、子供などの健康に対しても深刻な問題となっていた。そのためマニフェストに具体的に明記し、市長就任後に実現に向けて取り組むことにした。しかし、この際も教育委員会は設置コストやランニングコストを引き合いに出しながら、『できない理由』を次々と示してきた。『もちろん現場のニーズはやりたい。しかし、財政を考えると難しいのでこれ以上進めるのは無理だ……』と。その段階で完全に思考停止に陥っていて、実現する前から諦めてしまっていた。」

大西は、かなり厳しい口調でこう切り返し、事業化に踏み切ったという。

「国からの補助も含め必要な予算を確保するよう私も市長として最大限の努力をする。いや、必要な投資は国からの補助がなくとも、子供たちのために他の予算を見直してでもやる。そういう覚悟が必要なんだ。」

この結果、熊本地震の影響があったものの、大西の一期目の任期中にすべての学校の教室にエアコンを設置することができた。さらに、熊本地震の経験を踏まえ、停電時にも稼働する非常用電源を確保し、災害時の対応も可能な体制を整えた。その後、全国で記録的猛暑が続き、学校のエアコン設置が全国の自治体で大きな問題となっていったが、全国に先駆けすべての教室へのエアコン整備を終わっていたため、熊本市の学校現場では大きな混乱が起こることはなかった。

大西はこう続ける。

「従来の教育委員会では、学校現場や保護者からニーズは上がってくるものの、財政当局などとのやり取りの段階で諦めてしまい、トップに現場のニーズを届けることができず、本来やるべき投資ができていない状況にあった。」

こうしたコメントからも、2010年の一件以来、教育委員会に「どうせ予算が付かない」という諦めムードが漂っていた様子がうかがえる。熊本地震を経て、学校と教育委員会、市長部局の意思疎通が図れるようになった結果、熊本市の学校には新しい風が吹き始めた。

導入されたICT機器――教育に特化した仕様

これだけの費用を投じ、熊本市が各校にどんな機器や設備を配備したのか、具体的に細かく見ていく。

まず、端末はセルラーモデルのiPad（第6世代　9・7インチ・32Gストレージ）。スマートフォンと同様、本体にSIMカードが入っており、日本全国のほぼどこからでもインターネットに接続することができる。通信規格であるLTEは、最大150Mbpsの通信速度があり、安定性も高い。Zoomを使ったビデオ通話も、何のストレスもなく実施できる。

小学生用の iPad

中学生用の iPad

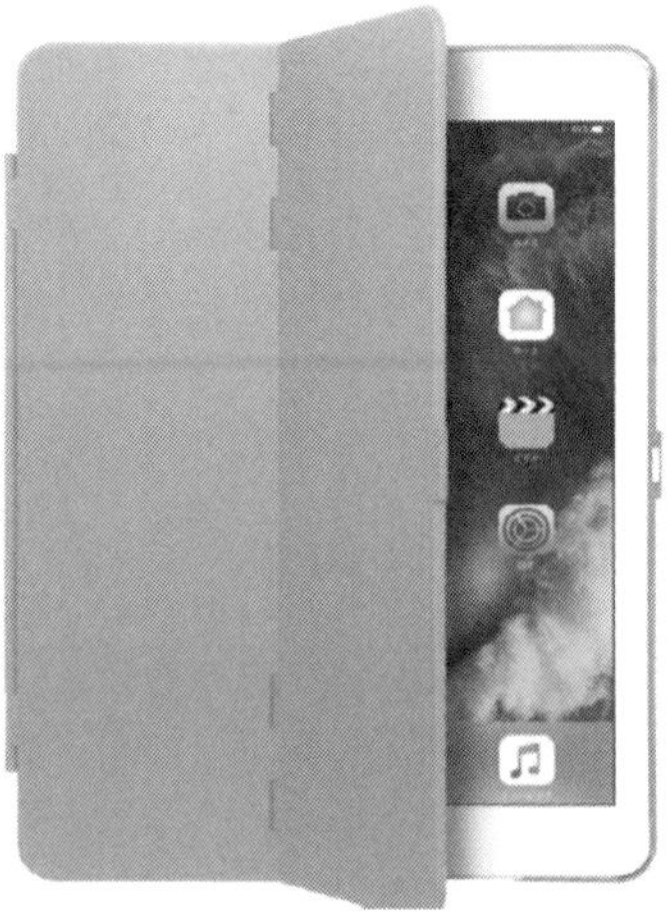

キーボード

児童・生徒用の端末には、ＮＴＴドコモのフィルタリングが掛かっており、有害サイトなどは見ることができないようになっている。だが、それ以外の制限は一切掛かっていない。この点は後述するが、なるべく自由に使わせることを基本方針としている。

各端末には、学習支援アプリの「ロイロノート」と「メタモジ」「ドリルパーク」がインストールされ、児童・生徒に１人ずつアカウントが付与されている。そのため、これらのアプリでつくった作品や課題などは、すべてクラウド上に保存される。１台の端末を複数人で利用する場合も、ＩＤとパスワードでログインすれば、マイページにアクセスして学習の続きに取り組める。また、中学生にはグーグルのアカウントを発行し、同社のさまざまなアプリを利用できるようにしている。

なお、「ロイロノート」「メタモジ」「ドリルパーク」はいずれも有料プランだが、すべてＮＴＴドコモが一括契約する形で端末が提供されている。

充電保管庫

また、すべての端末は、Ｊａｍｆ社のＭＤＭで市側が管理している。ＭＤＭとは「Mobile Device Management（モバイルデバイス管理）」の略で、業務などで大量にデバイス（端末）を利用する際に、そのすべてを一元的に管理するための仕組みである。そのため、例えば子供が端末を紛失した場合などは、すぐに制限を掛けるなどの対応も可能だ。また、５年間のレンタル契約なので、故障・破損などがあった場合も、追加で費用が掛かることはない。

小学生用の端末は、青色のケースに収まっており、衝撃に強い。また、取っ手が付いているため、もちやすく落としにくい。取っ手部分を折り曲げれば、本体を机の上に自立させることもできる。また、教員用・中学生用も含め、画面には保護用のフィルムが張られている。

各端末には、ライトニングケーブルでつなぐキーボードも付いていて、必要に応じてタ

実物投影機

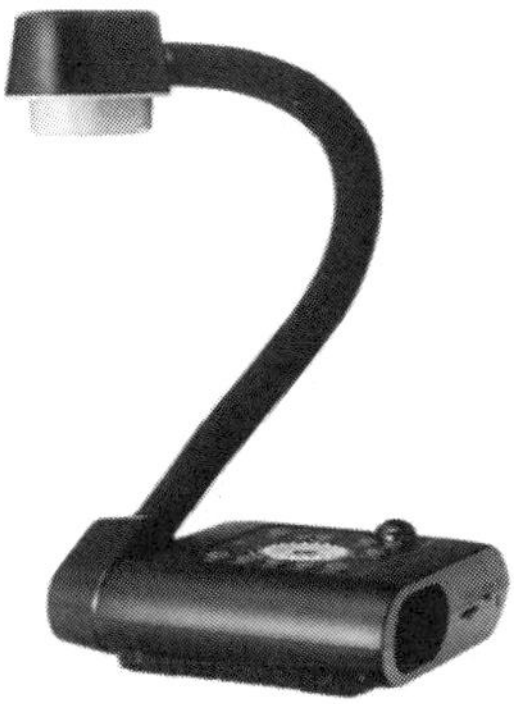

ディスプレイ型の電子黒板

イピングで入力することもできる。保管は校内に設置された充電保管庫で行い、授業で使い終わった後は、子供たちが戻しにくる。

次に、電子黒板だが、こちらは65インチの「ディスプレイ型」が全普通教室に配備されている。「プロジェクター型」よりも高価だが、画面が明るく鮮明で、教室環境に左右されず視認性がよい。もちろん、iPadとの画面同期もできるため、教員用端末の画面を表示したり、特定の子供の画面を表示したり、クラス全員分の画面をズラリと並べたりなどといったこともできる。

最後に実物投影機だが、こちらも全普通教室に配備されており、パソコンや電子黒板とつなぎ、手元の物を画面に映し出すことができる。教科書の本文を表示したり、理科の観察・実験の様子を映し出したり、子供の提出物や作品の共有をしたりといった形で、幅広く活用されている。

実物投影機にはマイク機能が付いており、パソコンとつなげばWebカメラとしても使用できる。接続方法も簡単で、画質も非常によい。そのため、今回の休校中はこれを使って、教室からオンライン授業を実施した教員も数多くいた。

なお、電子黒板は小学校・中学校単位で同一の機器が入り、実物投影機は全校で同一の機器が入っている。そのため、教員が異動しても、操作方法を一から覚える必要がない。

セルラーモデルの端末のメリット

熊本市では、セルラーモデルのiPadを導入したが、全国的には校内LANを敷き、Wi-Fiモデルの端末を導入する自治体も少なくない。1人1台の端末環境をめざす文科省の「GIGAスクール構想（第4章参照）」においても、校内LANなどを整備する自治体に2分の1の補助金を出すなど、国が描く学校ICT化のイメージは、むしろこちらのほうが近いのかもしれない。端末の単価自体もWi－Fiモデルのほうがセルラーモデルよりも市販品で1万5000円ほど安い。

セルラーモデルのモバイルデータ通信はかつて、Wi－Fiに比べて速度が遅く、一度に多くの人がつなぐと不安定になるといわれていた。しかし、LTE規格の登場などにより、その速度は飛躍的に向上し、安定性も保たれるようになった。一方、Wi－Fiは通信速度の速さが売りではあるが、使用環境に左右される側面もあり、同じ場所で多くの人が同時につなげば速度は落ちる。学校で、一度に何百人もの子供がつなぐような場合は、学習活動が滞ってしまうことも十分に考えられる。

セルラーモデルの最大のメリットは、学校の内外を問わずに使える点だ。今回のオンライン授業はやや特異な例だとしても、遠足や修学旅行、校外学習などに持参し、その場で子供たちが「課題解決学習」や「探究型学習」に取り組むことができる。また、1人1台体制が整えば家庭学習でも活用できるし、欠席した子供へのケアなどに活用することもできる。新学習指導要領では「社会に開かれた教育課程」の下、地域と連携した活動が求められている点を考えても、セルラーモデルを導入することのメリットは大きい。

また、端末別にデータ通信のログが取れる点も、メリットの一つであろう。もし、1人1台体制になって自宅への持ち帰りなどが認められた場合、オンラインゲームや動画視聴に没頭する子供も出てくることだろう。セルラーモデルでは、そうした使用状況も管理者側が把握できるため、学校に伝えるなどして適切に対応することができる。

デメリットを挙げるなら、やはり毎月のランニングコストが掛かる点であろう。市販のタブレット端末では通常、データ通信の容量に応じて、月々数千円の通信料が掛かる。これが数万台分に上るとなれば、自治体の負担額はかなりのものとなる。

この点、熊本市では1端末当たりの月の容量を「3GB」とし、台数分を全体でシェアする契約をNTTドコモと結んでいる。具体的に、2万3460台×3GB＝7万380GBまで、市内の教員、児童・生徒全体で使えるというプランである。例えば、ある子供が月に10GBを使ったとしても、他の多くの子供が3GBを下回り、全体平均が3GB未満に収まれば問題がない。こうした包括的な契約を結ぶことで、月額費用を安く抑えている。

ちなみに、この1端末当たり3GBという数字は、2018年1～3月に白山小学校と弓削小学校で行った実証実験の際に使用されたデータ通信量を基にしている。今後、端末の活用が盛んになれば変わってくる可能性はあるが、セルラーモデルの端末を導入する際には、一つの目安となる数字であろう。

使い方の「制限」は極力取り払う！

学校のICT化において最悪なパターンは、「導入したが使われない」という状況であろう。教育の情報化をめぐる歴史を振り返れば、モデル校としてパソコン教室や電子黒板を配備したものの、一部のICT好きな教員を除いてほとんど使われず、機器が倉庫で埃をかぶっている……なんてケースも少なからずあった。

教育長の遠藤も、そうした状況だけは、絶対に避けたかった。そのためには、物事を戦略的に進める必要があった。

戦略の一つは、児童・生徒用の端末を導入していくとともに、教員用の端末も1人1台ずつ導入することだった。とにかく、教員自身がiPadに慣れ、いろいろな機能やアプ

熊本市教育長の遠藤洋路

りを試し、その便利さを実感することが、活用を促進する第一歩と考えたのだ。

ところが、教育センターが当初出してきた案は「1教室に1台ずつ、教員用の端末を置く」というものだった。

「これでは、中学校の教員は授業ごとに異なる端末を使うことになる。そうではなく、常にもち歩いて自分の端末として使ってもらうことが大事だと考えた。ＩＣＴが好きでない人も、そうやって渡されたら嫌な気はしない。」

そうした考えの下、遠藤は担当者に計画を修正するよう指示した。

続いて、教育センターでは、教員用端末の設定・セキュリティポリシー案を作成した。

一般企業の業務用の端末では、使える機能・アプリの制限が行われている。教育センターも当然、それは必要と考えていた。しかし、それにストップを掛けたのも遠藤だった。

「どんな制限を掛けようとしているのか、1から100まで全部見せるように指示した。すると『動画が視聴できない』『メールが送れない』『アプリが自由にインストールできない』など、多くの制限を掛けようとしていることが分かった。私はこれらの制限をすべて取り払い、教員向けの端末は市販のものと同じように使えて、フィルタリングも一切掛けないように指示した。」

端末はできる限り自由に使えるようにする――こうした遠藤の考えは、首尾一貫している。前述したように、熊本市では児童・生徒用の端末も、最低限のフィルタリングしか掛けておらず、機能やアプリなどの制限は一切掛けていない。つまり、子供たちはその端末でゲームをすることも、好きな動画を視聴することもできる。

この点について、NTTドコモ九州支社法人営業部SE担当部長（当時）の徳永は、「学校に端末を導入する場合、最初はセキュリティを厳しく設定し、少しずつゆるめていくのが一般的。制限ゼロから始める方針は、カルチャーショックだった」と振り返る。

もちろん、制限を掛けなければ、勉強以外の目的で端末を使う子供も出てくる。実際、コロナ禍による休校期間中には、ユーチューブを長時間視聴する子供もいたという。しかし、それはほんの一握りにすぎず、「そうした子供は教育センターで把握できるので、学校を通じて個別に指導すればよい」と遠藤はいう。

小さなリスクを恐れて制限を掛けるのではなく、教員にも子供にも自由に活用してもらう中で、問題が起きればその都度対応する。社会に「ゼロリスク症候群」が蔓延する中で、遠藤が冷静に現実を見ている様子がうかがえる。実際、端末を導入してから現在に至るまで、大きな事故やトラブルは起きていない。公立学校で日本一、自由に使えるタブレットにする——遠藤はこの方針を繰り返し職員に伝えた。

現場を信頼すれば「ゼロリスク」は不要!

昨今は、学校で何か不祥事が起きれば、すぐマスコミ報道で叩かれる。新聞やネットのニュースを見ても、個人情報の流出、わいせつ行為、いじめ事件などが日々報じられ、時に教委や学校が批判の矢面に立たされることもある。そんな中、2019年に起きた神戸市の教員間のいじめ事件では、教委の職員が自殺に追い込まれる不幸な事態まで発生している。

こうした風潮があるからこそ、教育行政の場は「ゼロリスク症候群」に陥りやすい。ある日遠藤は、眼科の待合室でSNSを見ていた。すると、市内のある教員が「iPadからユーチューブが視聴できない」と嘆いているのを発見した。リスクを回避するために、担当者が勝手に制限を掛けてしまったのだった。遠藤はすぐさま教育センターに連絡をして、その制限を解除させた。

この調子だと、今後も担当レベルで勝手に制限を掛けてしまうに違いない。それでは、端末の利便性を存分に感じてもらって活用促進を図るというプランにも支障が生じる。どうすればよいものかと、遠藤は知恵を絞った。そして、新たに制限を掛ける場合は教育長の決裁を経て、教育委員会の決議を経ないといけない手続きを設けた。要は、役所の担当者が絶対にやりたくないような仕組みにしたのだ。その一方、制限を「ゆるめる」場合は、担当レベルの裁量でやってよいことにした。

今回の休校期間中、学校の端末を子供たちが自宅にもち帰った。通常であれば、端末は学校の備品であるから、家にもち帰らせることには大きな壁がある。しかし、熊本市ではその点について異論が出なかった。それは、「制限は極力掛けない」という基本原則を、遠藤が頑固に貫き続けてきたからに他ならない。

「熊本市の教員はレベルが高い。新しい環境、新しい考え方になじめば、全国のモデルとなるような実践ができる。そのためには、教員が高い指導力を存分に発揮できるよう、『邪魔をしない』ことが大事だと思った。」

熊本市の学校でICTの活用が進み、全校一斉のオンライン授業が実現した裏側には、こうした「現場への信頼」が土台にあったとの見方もできよう。

ICTが「好き」「嫌い」の派閥をつくらない

筆者が過去20年間、学校のICT教育を取材してきた中で、感じてきたことの一つが教員間の「温度差」である。積極的に活用する人がいる一方、「そんなもので教育ができるものか」と斜に構える人がいる。これは学校に限らず、どんな職場でもあることだが、ＩＣＴはとかく「好き」「嫌い」の派閥ができやすく、それが全体への普及を図る上で、阻害要因になることも多い。

熊本市においても、学習活動におけるｉＰａｄの利用を日常化していく上で、「一部の好きな教員がやっていること」という空気をつくらないことが、一つの課題であった。と同時に、特定の担当者にＩＣＴ関連の仕事が集中し、過度な負担が掛からないようにすることも必要だった。

そのために講じた戦略の一つは、各学校に情報化推進の「担当者」を置くのではなく、「情報化推進チーム」を置き、複数人で推進していくというものだった。

「ＩＣＴに飛び抜けたスキルをもつ若手が推進担当者になったとしても、取り組みはそこだけで終わってしまう。ＩＣＴ活用の真の狙いは授業改善。研究主任などの中堅・ベテランと、ＩＣＴが得意な若手がチームとして取り組んでいくようにした」と教育センター副所長の本田はその狙いを語る。

「情報化推進チーム」のメンバーに誰を選び、何人で構成するかは、管理職が学校の実情を勘案しながら決める。リーダー1人、サブリーダー1人、推進メンバーという構成で、多くの学校は3〜6人程度のチームを組んでいるという。

管理職がメンバーを選ぶ際には、ICTのスキルよりも、授業力や授業改善に対する意欲などが重視される。

「情報化推進チーム」の主な役割は、市が実施する各種研修会への参加、チーム内での情報共有、他の教員のサポートなどで、授業力に長けたベテランと、ICTスキルに長けた若手が互いの強みを生かしながら対応している。

ちなみに今回のコロナ禍では、4月6・7日にオンライン授業のための集合研修が行われたが、多くの学校はこの「情報化推進チーム」のメンバーから2人が参加した。

全134校を回っての「導入研修」

熊本市では、2018年1〜3月の実証実験を経て端末をiPadにすると決めた後、

導入研修の様子

9月に24校での先行導入を行うまでの間に、公募型プロポーザル（業者からの提案を審査し、選定する方法）を実施している。その際、業務内容として示したのが、「端末の導入」と「教員研修の実施」だった。こうして見ても、熊本市がこの二つを学校ICT化の両輪として捉え、「導入したが使われない」という状況を避けようとしていたことが分かる。

公募型プロポーザルの結果が発表されたのは、2018年7月中旬。選定されたのは、震災以降、二人三脚で歩んできたNTTドコモだった。24校での先行導入は9月。残された時間は、約1カ月半しかなかった。NTTドコモ九州支社法人営業部SE担当部長（当時）の徳永は、「この短い時間の中で24校すべてで『導入研修』を実施した。この夏は毎日のように各学校を回り、本当に大変な夏だった」と当時を振り返る。

「導入研修」とは、NTTドコモの講師と、教育センターの指導主事などが6人ほどのチームとなり、各学校を回って、iPadやロイロノート、メタモジなどの使い方をレクチャーしていくというものだ。時間は約3時間。ここで「難しそう」と思われてしまったら、活用は進まない。

「この研修では、写真が撮れたり、動画が撮れたりして、『iPadはこんなに楽しいことができるんですよ』ということを伝えたかった。そうやって楽しむ先生が1人でも2人でもいれば、そこから広がっていく」と徳永は話す。研修では、最初は難しそうな顔をしていた年配の教員も、自分で撮った動画が再生される様子などを見て、次第に顔がほころんでいったという。

熊本市ではその後、2019年4月に小学校の残り76校、2020年4月に中学校の残り34校にiPadを導入したが、その際にも事前にすべての学校で「導入研修」を実施し

教育センターでの研修の様子

た。恐らく、どの学校でも教員仲間でわいわいがやがやと話をしながらiPadをいじり、楽しみながら使い方を学んでいったことだろう。導入時に代表者を集めての研修ではなく、各校単位でこうした研修を実施したことは、熊本市でICTの活用が図られた大きな要因の一つだといえる。

熊本市では、この「導入研修」の他に、導入後には「推進チーム研修」と「管理職研修」も実施している。「推進チーム研修」は、前述した各学校の情報化推進チームのメンバーを集めた研修で、各校の代表者がICT活用の課題や解決策を共有し合った。また、

「管理職研修」では、新しい時代にどのような人材が求められているのか、そのためにＩＣＴの活用をどのように図っていくべきなのかなど根本的な点について、校長や教頭らが考えを深めていった。

余談だが、教育センターが実施する集合研修はすべて、受講者が自身の端末を持参して行われる。その結果、以前は一斉講義型だった内容も、グループディスカッションを取り入れるなど、対話型に変わっていった。こうして、教員自身が「アクティブ・ラーニング（「主体的・対話的で深い学び」ともいう。知識を得るだけでなく、学習者が能動的に活動しながら学ぶ学習スタイルで、新学習指導要領で実現が求められている）」を体験することは、学校で授業改善を図っていく上で貴重な視点を提供しているに違いない。

ＩＣＴ支援員を21人まで増員

ＩＣＴ機器は、思い通りに動かないことも多い。パソコンを起動したのにインターネットにつながらない、スマートフォンのメールの送受信ができない、プロジェクターから音声が出ない……。いずれもちょっとした設定変更で直ったりするのだが、自身のスキルではどうにもならず、途方に暮れることも多い。

学校現場においても、ＩＣＴ機器のそうした一面が、活用の阻害要因となっている側面がある。パソコンとプロジェクターを使って授業しようと入念に準備をしたのに、いざ始まってみると画面が一向に表示されず、２分、３分と時間がすぎていく。そのうち、子供たちが騒ぎ出し、仕方なくいつも通りに教科書を使って説明する……。そんなことがあれば、「ＩＣＴはもういいや」と思ってしまう教員も出てくるだろう。

そうしたトラブルを少しでも減らし、教員のＩＣＴ活用をサポートしていく専門職員として、近年は「ＩＣＴ支援員」を多くの自治体が置くようになった。とはいえ、学校常駐というケースは少なく、自治体によっては１人の支援員が、何十校もの学校を掛けもちで回っているようなこともある。

熊本市においても、２００２年度からＩＣＴ支援員の配置を開始し、学校からの要望に応える形で派遣していたが、２０１８年度時点で15人と、人数的には多くなかった。しかし、学校のＩＣＴ化を進めるには不可欠と考え、その後は毎年度増員を行っている。２０２０年６月時点では19人となっており、２０２１年度までに21人まで増やす予定でいる。

教員とICT支援員による授業

ちなみに、ICT支援員は一般的に、自治体が非常勤職員として時給制で直接雇用するケースが多いが、熊本市の場合は地元に拠点を置くNPO法人ICTサポートスクエアと業務委託契約を結び、そこから各学校に派遣される形となっている。ICT支援員の多くは、IT系の企業で機器やシステムの開発などに携わっていた人で、タブレット端末の使用法についても多様な知識とアイデアをもっている。

しかし、ICT支援員は機器の専門家であって、教育の専門家ではない。加えて、学校とはまったく異なる文化で仕事をしてきた側面もあり、教員との意思疎通がうまく図れないこともある。スクールカウンセラーしかり、学校が外部専門家と連携を取る上で、この点は課題の一つといえよう。巷のＩＣＴ支援員からは、「学校を巡回訪問しているが、どの先生もよそよそしくて、声を掛けてこない」などの嘆きも聞く。

熊本市としても、せっかく増員した支援員が機能しないような事態は避けたかった。そうして講じた策の一つは、指導主事と２人１組になって、各校を訪問するというものであった。こうした「つなぎ役」がいるだけで、支援員と教員の間の距離は一気に縮まる。

ちなみに、指導主事とはその名の通り、各学校の教育実践を「指導」する立場の人で、都道府県や市町村の教育委員会には必ず配置されている。その多くは30代後半～40代半ばで、現場の教員を経て数年間任用され、その後は教頭、校長となっていく。熊本市教育センター教育情報室には全部で６人の指導主事が在籍しており、そのすべてがＩＣＴ支援員とペアになって、各学校を巡回している。

現在はどの学校も、週に約１回はＩＣＴ支援員の訪問を受けている。その際は、機器の使い方について分からないことを質問するだけでなく、ＩＣＴを活用した効果的な指導方法などについての情報交換も行われている。さらには、ＩＣＴ支援員が授業の中に入って、サポートすることもある。こうして一歩踏み込んだことができるのも、支援員が指導主事とペアで訪問し、教員との意思疎通がしっかりと図られているからに他ならない。

先行導入校における驚異的な端末使用率

２０１８年９月の先行導入校での実践開始以降、熊本市立学校におけるＩＣＴの活用は、実際にどのくらい進んでいるのか。本当に「導入したが使われていない」などという状況にはなっていないだろうか。

左ページのグラフは、市立楠小学校（児童数２２７人）における２０１９年２学期の端末使用率を示している。同校は先行導入校の一つで、２０１８年９月に71台のｉＰａｄが導入された（翌年度に10台追加）。２０１９年の２学期は、導入からちょうど１年が経過した後に迎えた最初の学期ということになる。

グラフを見ても分かるように、ほとんどの週で使用率が60％を超え、12週目は実に84％

楠小学校の端末使用率（2019年2学期）

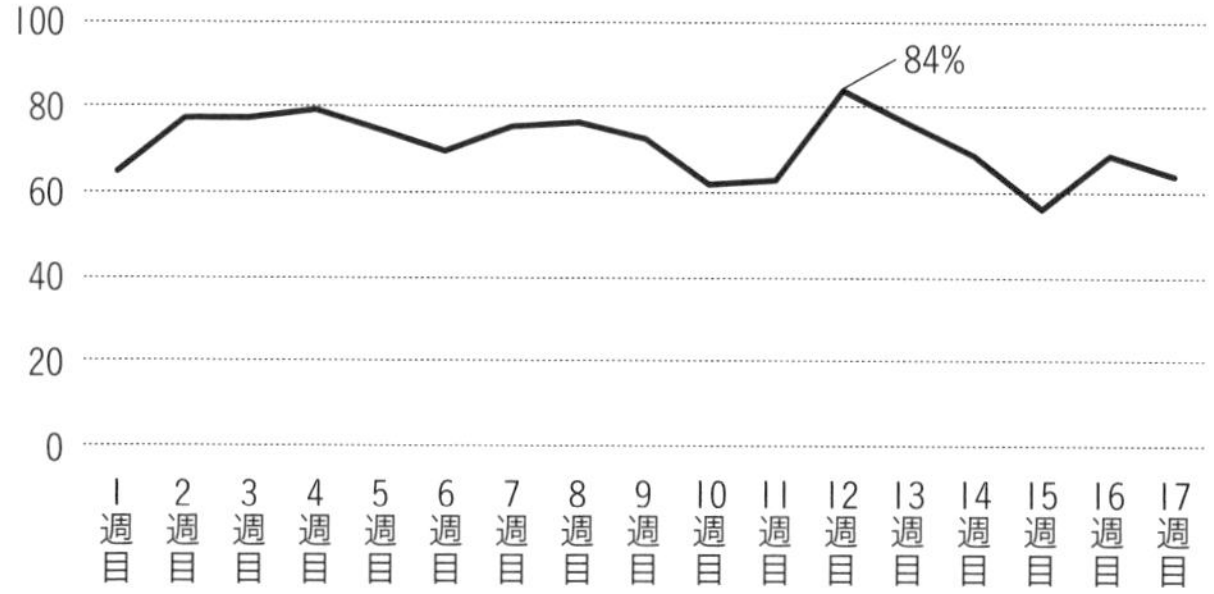

※使用率＝（該当週で使われた端末の総数）÷（端末台数×授業時数）

を記録している。全体平均値は71％。つまり、１日６コマの授業があれば、４コマ以上で端末が使われている計算になる。グラフには載っていないが、使用記録を細かく見ると、低学年から高学年まで幅広く使われていることも分かる。

小学校の教員は、ほぼすべての教科を１人で受けもち、１回の授業ごとに、教材などの準備をしなければならない。昨今の多忙化を考えれば、授業の進め方が前例踏襲的になり、教科書をなぞっていくような形になるのも致し方ない。しかし、このデータを見る限り、同校ではどの学年の教員もｉＰａｄという新しいツールを使い、積極的に授業を改善・進化させようとしている様子がうかがえる。

前述したように、２０１９年度の２学期は、導入から丸1年が経過して迎えた最初の学期である。これを先行導入校ではない他の小学校に当てはめれば、2020年の1学期、つまり新学習指導要領が全面実施となった後において、この程度の使用率が期待できることを意味する。もちろん、先行導入校である楠小学校は、管理職も教員もICTに意欲的で、スキルの高い教員がそろっているとの見方もできよう。しかし、それを差し引いても、この「71%」という平均使用率は驚異的である。

今後、端末の活用が2年、3年と進めば、使用率はさらに高まっていくに違いない。「導入したが使われない」という状況は、少なくとも熊本市の小学校においては起きていないことが分かる。

物語文にBGMを付ける

コロナ禍以前より、端末は実際にどんな使われ方をしてきたのだろうか。同校が2019年度に行った実践例を二つほど紹介する。

一つ目は、4年生の国語「物語を読んで感想を伝え合う」の単元。教材は「ごんぎつね」。通常なら子供たちが教科書を音読し、その内容について感想を書き、友達同士で伝え合うという活動が一般的であろう。しかし、同校の山下若菜教諭は、ここに「物語を音読してiPadに録音し、それにBGMを付ける」という活動を加え、授業を行った。

この授業について当初、山下教諭は「学習の本質からはずれているんじゃないか……」という不安や葛藤があったという。しかし、授業を進めていく中で、子供たちがかつてないほどにのめり込み、学びを深めていく様子を目の当たりにしていった。

まず、「自分の声を録音する」ということもあって、子供たちは驚くほど熱心に音読練習に取り組んだ。中には10回、20回と自宅で練習し、文章を暗記してしまった子供もいた。次に、その音声を「GarageBand」というアプリに取り込み、BGMを付けた。このアプリはiPadに標準付属しており、小学生でも簡単に音楽をつくることができる。そうしてBGMを付ける過程で、子供たちは「この時、ごんと兵十はどんな関係だったんだっけ?」「ごんを撃ってしまった兵十は、どんな気持ちだったんだろう?」などと考え、何度も本文を読み返した。

「最初はBGMそのものに向いていた興味・関心が、最終的に物語の本文に戻ってきた。これまでと手法は異なるが、結果的に学習の本質を深くつく授業になった。とても効果的だと思った」と山下教諭は実践を振り返る。後日行ったこの単元のテストの平均点は98点と驚くほど高得点で、漢字が苦手な子供も、書き取りがしっかりとできていたという。

同校の長尾秀樹校長は、「『学びたい』という思いをもって、意欲的に取り組んだ結果が学力の定着につながった。他の教科も同じ。何かに意欲的に取り組めば、その過程でさまざまな知識・技能は自ずと付いてくる。これからは、子供たちにそういった学びをしてほしい」と語る。


第1章でも述べたように、熊本市では教員が「教える」インプット型の授業から、子供が「学びとる」アウトプット型の授業への転換が図られている。かつての授業は、テストで高得点を取ることを目標に、一斉講義形式で知識・技能を叩き込む「詰め込み式」であった。その結果、習得した知識・技能はテストの終了とともに少しずつ忘れられ、その多くは実社会で活用されることもなかった。

そうした学びから脱却し、一つの活動に強い興味・関心をもって取り組み、その過程で自ら調べ、考え、時に友達と話し合うなどして、「知識・技能」や「思考力・判断力・表現力」を吸収していく。そのためのツールとしてICTを活用する。これが、熊本市の目指す授業デザインである。この方向性は、2020年度から順次実施される新学習指導要領とも軌を一にしている。

「物語にBGMを付ける」という、一見遊びにも見える活動を通じ、子供たちは音読を繰り返して技能を高め、表現力に磨きを掛けていった。さらに、物語を深く読み込むことで、漢字や語彙なども獲得した。これは学習の本質そのもので、この授業で子供たちが学びとった「知識・技能」や「思考力・判断力・表現力」などは、実社会に出た後も生きて働く知となるはずだ。そして、この授業がタブレット端末なしでは成立しなかったことは、いうまでもない。

生活科と図工を横断しての学び

実践の二つ目は、1年生の「生活科」。まだ入学して間もなく、文章で表現することすらままならない子供たちが、どんなふうにiPadを活用しているのだろうか。

「生活科」ではどの学校でも、児童が学校の敷地内を散策し、生き物を捕まえて飼育するなどの活動が行われている。通常、子供たちは虫取り網と虫かごをもって出掛けるが、同校の場合はこれにiPadが加わる。そして、捕まえた生き物の写真や動画を撮って、

「ロイロノート」に保存する。

その後、教室に戻ってきた子供たちは、撮影した写真などを見ながら、「スケッチーズ」という描写アプリで虫の絵を描く。どの子供も一心不乱に端末と向き合い、1年生の教室とは思えないくらい、部屋はしんと静まり返る。

この授業を実施した村上公英教諭は、「生活科と図工の視点から、生き物に対する『見方』を働かせて、知識を深める授業。写真を観察しながら絵を描いていく過程で、子供たちは『クモの足は八本あった』『よく見たら目があった』など、たくさんのことに気付く。作業に没頭しながら多くの気付きを得ることで、その後の対話がより深くなる」と話す。


日本の小学校では、1年生の段階から「国語」「算数」「生活」などの教科単位で授業を受ける。しかし、幼稚園・保育園まで、自分の目や耳から入ってくるものをありのまま吸収してきた子供たちにとって、教科という枠にはめ込まれた45分の授業に適応するのは容易ではない。その結果、「小1プロブレム」と呼ばれる学級崩壊現象を起こすこともある。その意味でも、タブレット端末というツールを用いながら、複数教科をまたぐ形で学びを進めることは、効果的だ。

ここで紹介した2つの実践は、同校でのiPad活用の一例にすぎない。小学校の標準授業時数は5645コマなので、使用率が71%であることを考えれば、単純計算で年間4000コマはタブレット端末を使っているわけで、活用方法は数えきれないくらいに上るだろう。誰にも想像できないようなユニークな使い方をしている教員もいるに違いない。

最もオーソドックスなのは、やはり「調べる」「まとめる」「発表する」という場面での活用だろう。もちろん、これらの活動は紙ベースでもできるが、タブレット端末があることで「子供たちの意欲が全然違う」と同校の教員は口をそろえる。普段はだらけ気味の子供がやる気満々で取り組んだり、控えめな子供が次々に発信したりするという。学習に対する「意欲」や「積極性」を高いレベルでそろえることができれば、授業は格段に進めやすくなり、質も上がるだろう。

ビリヤードを教材に図形の「相似」を学ぶ

全国的に見ても、小学校は子供同士のグループ活動が盛んで、タブレット端末を使った学び合いも実施しやすい側面がある。一方で、中学校は受験を控えていることもあり、授業がどうしても「詰め込み式」になりやすい。そんな中、熊本市の中学校では、どんな形で端末の活用が図られているのか。先行導入校の一つ、楠中学校（前述の楠小学校に隣接、生徒数397人）における実践を二つほど紹介する。

一つ目は、3年生の数学「相似な図形」の単元。三角形なら「3組の辺の比がすべて等しい」「2組の辺の比とその間の角がそれぞれ等しい」「2組の角がそれぞれ等しい」場合に「相似」となるが、同校の生徒はこの性質を利用しながら、以下の課題の解決に取り組んだ。

縦160センチメートル、横300センチメートルの長方形のビリヤード台がある。①の球を②の球に当てたいが、他の球があるため、壁で跳ね返して②に当てる必要がある。壁のどの地点を狙えばよいだろうか。

左ページの図をご覧いただいて分かるように、①の球を②の球に当てるには、上側で跳ね返してもよいし、下側で跳ね返してもよい。球が跳ね返る際の「入射角」と「反射角」

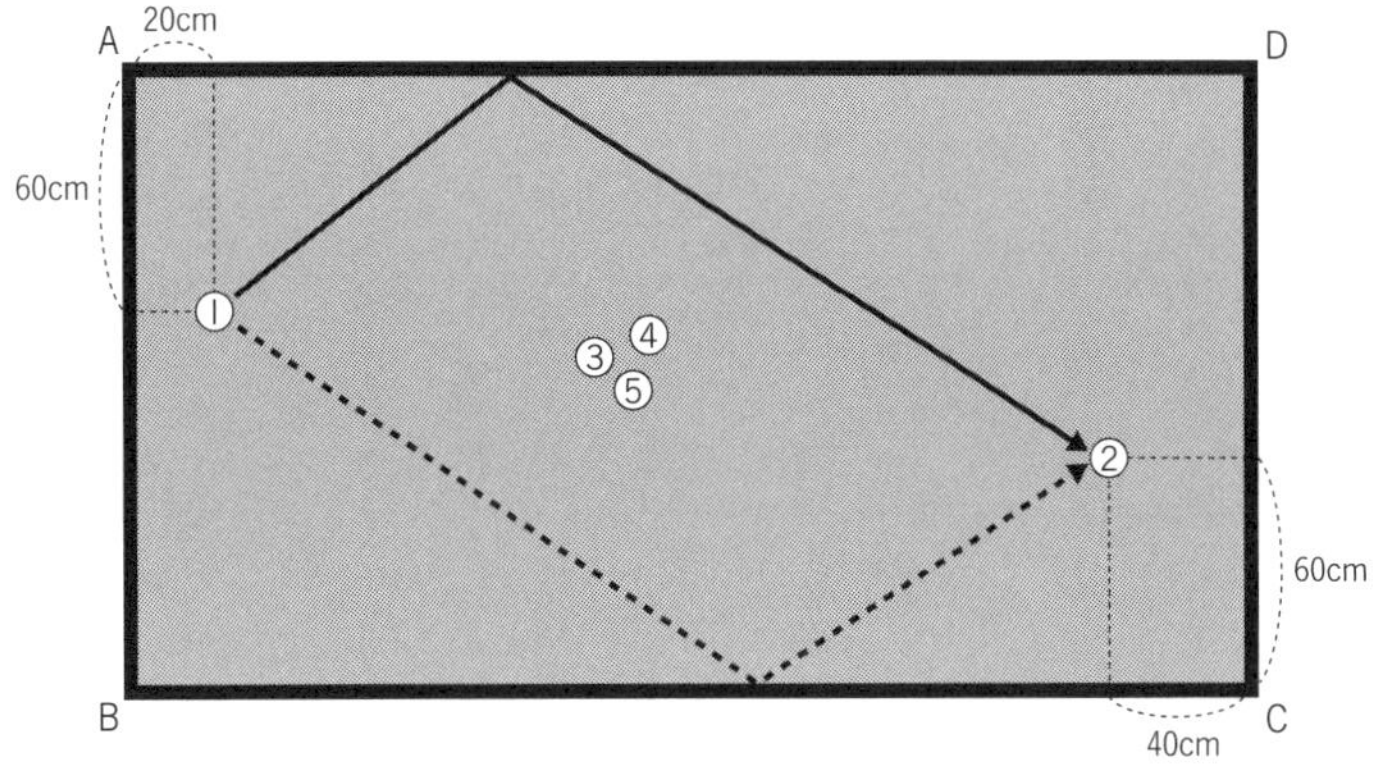

は同じになる。ここから相似な図形を見つけ出すことで、辺ADと辺BCのどこに当てればよいかを導き出すという問題である。

通常の授業であれば、生徒が各自でプリントの問題を解き、教員または代表の生徒が黒板を使って説明するという流れになるが、同校の生徒たちはiPadの「ロイロノート」を使ってこの課題に取り組んだ。まずは1人で考え、続いてペアになって、互いの解き方を説明し合う。次に、同じ解き方をする者同士でグループになり、同じく解き方を説明し合う。次に、各グループの代表が、電子黒板を使って解き方を全員の前で説明する。そして最後に再びペアになり、それぞれが新しく知った解き方を使って説明する。

こうして見ても分かるように、生徒がiPad

を使って友達に「説明する」場面が、随所に組み込まれている。生徒同士で考えを伝え合い、共有し合う場面をつくることで、思考の幅を広げていくというのは、本校がテーマとして掲げていることだという。

「端末が特に効果を発揮するのは、課題に取り組み始める場面と互いに説明し合う場面。課題に取り組み始める場面では、課題の画像を送ると、色を付けたり、補助線を書き入れたりするなど、数学が苦手な生徒でも何かしら取り組み始めることができる。また、互いに説明し合う場面では式やポイントを画面上に書き込み、端末を示しながら、相手に分かりやすく説明できるように工夫する。授業ではこういった話し合い活動を数多く取り入れている。また、1人の生徒の回答内容を全員で共有できるメリットも大きい」と、数学科の濱祐一郎教諭は端末を活用することのメリットを語る。

自己紹介や「スモールトーク」の補助ツールとして活用

二つ目に紹介するのは、1年生の英語「自己紹介をしよう」の単元。中1では英語による自己紹介がどの学校でも行われているが、同校ではその際の補助ツールとしてｉＰａｄを活用している。

具体的に、生徒が自己紹介の中で「好きなもの」を紹介する際に、それを端末の画面に表示させながら話す。英語科では、毎授業の最初に「スモールトーク」を実施しているが、ここでも生徒たちはｉＰａｄを使いながら話している。そうすることで、用意した英文をただ「読み上げる」のではなく、自分の言葉で分かりやすく「伝えようとする」力が養われていくという。「何かを英語で伝えようとする時に、タブレット端末を使うことで、生徒たちは話しやすくなる。コミュニケーションを取ることへの壁が下がったのが一番大きい」と、英語科の牧野美和子教諭は活用の成果を強調する。

このように、同校では主に生徒間の説明活動、コミュニケーション活動を中心に、ｉＰａｄの活用が図られている。成果としては、生徒の授業に対する意欲が高まったこと、「聞く姿勢」が能動的になったこと、思考力が深まってきたことなどが、同校の研究報告書に挙げられている。

一方、中学校の場合は目に見える学力、学業成績も気になってしまうが、この点はどうなのか。同校の田口惠子教頭は、端末の導入による学力面での成果を次のように説明する。

「2019年度の3年生は1～2年生の時、数学の成績が芳しくなかった。だが、1年間タブレット端末を使って、『自分で考える』『友達と共有する』『全体で共有する』『振り返る』というサイクルによる学習をしつこく繰り返した結果、学力面でかなりの向上が見られた。また、英語の学習内容は新学習指導要領で4技能から4技能＋5領域になり、『話すこと』が『やりとり』と『発表』に分かれたが、この部分が強化された。」

実際、2019年4月に中3を対象に行われた全国学力・学習状況調査において、同校は数学では「数学的な見方や考え方」「数学的技能」「数量や図形などについての知識・理解」の全観点で全国平均を上回り、前年度より点数も高かったという。

同校の特別支援学級の教員たちも、端末導入の効果を強く実感している。同校には二つの特別支援学級が設置され、知的障害のある生徒が在籍しているが、教材を視覚的に提示することで、生徒が意欲的に取り組み、直感的に理解できるようになったという。「特別支援学級の生徒は、表現をする際に語彙力に課題があってうまくできないことが多い。今までなら諦めてやる気をなくしてしまうこともあったが、iPadが入ったことで簡単に写真や動画が撮れるようになり、表現できるようになった。今では、学習の最後に必ずプレゼンテーションをさせている」と特別支援学級担任の松本恵子教諭は話す。

短期間でこれだけ活用が進んだ理由

こうした形で、熊本市の学校では、ＩＣＴの活用が日常的に図られている。もちろん、先行導入校とその他の学校では活用の度合いに差があるだろうし、中学校は２０２０年度に全学校に導入されたばかりなので、まだこれからという段階ではある。教育センター副所長の本田も、「学校間の格差をどう埋めていくかは今後の課題」と話す。

学校間の格差は、一斉休校中のオンライン授業でも少なからずあった。この点について教育長の遠藤は次のように指摘する。

「小学校では、日頃から学び合いができていたから、多くの学校が『ステップ4』『ステップ5』まで進むことができた。一方で、日頃から一方通行の授業しかしていない教員は、オンライン授業も一方通行でしかできない。中学校は多くの学校が『ステップ3』でとどまっており、今後は日々の授業にも『学び合い』などを取り入れていく必要がある。」

この言葉からも、遠藤自身が、現状にまだ満足しているわけではないことが分かる。

ここで、熊本市の学校におけるICTの活用が、わずか2年足らずでここまで進んだ要因について分析をしてみたい。

一つ目は、大量の端末を普通教室に一気に入れた点である。かつての学校ICT化は、各校に40台程度の端末が入ったパソコン教室を一つといった形で進められてきた。しかし、こうした整備方法では、学校規模によっては使える機会が限られてしまう。以前、児童数1000人を超える大規模校の校長をしていた教育次長の塩津は、「パソコン教室を使えるのは週に1回あるかないかだった」と当時を振り返る。

二つ目は、教員用の端末を1人1台ずつ導入した点である。教育長の遠藤も指摘するように、自分用の端末を渡されれば誰だって悪い気はしない。熊本市の約2400人の教員も、少なからず高揚感があったはずだ。自宅にもち帰ってもよいとなれば、なおさらであろう。そうした高揚感が、ICTが苦手な教員に「使ってみようかな」という意識をもたせるきっかけになったと見る。

そして三つ目は、教員への手厚いサポートである。今回の導入に際し、熊本市ではすべての学校で「導入研修」を実施し、ICT支援員を大幅に増員して指導主事と巡回訪問する態勢を組んだ。また、今回のオンライン授業もしかり、「スモールステップで、少しずつ活用できるようになればいい」というメッセージも発信し続けてきた。こうしたスタンスが、教員にトライしてみる気持ちを起こさせたに違いない。

そして、四つ目は、端末の使い方に制限を掛けなかった点である。前述したように、熊本市では教員用の端末はもちろん、児童・生徒用の端末にも有害サイトのフィルタリング以外の制限が掛かっていない。これは教育長の遠藤がこだわり続けた点で、教員も子供たちもｉＰａｄの楽しさ、有用性をあますところなく体感し、思いのままに使っている。何より、そうした方針が浸透していることで、現場の教員が「こんな使い方をしていいんだろうか……」「こうやって使ったら怒られるんじゃないか……」などと躊躇しなくなっている点が大きい。

こうした方針を取ることについては、世の中に「ゼロリスク症候群」が蔓延する中で、教委には相応の覚悟がいることだろう。だが、トップが覚悟をもてば、現場の自由度が高まり、教員や子供たちが伸び伸びと活動できるという事実は、多くの関係者に知ってもらいたい。

ベテランから広がったICTの活用

今回、関係者への取材を進める中で、40代後半から50代の教員が、積極的に端末を使っているという話をほうぼうから聞いた。ICTは若い世代ほど得意で、ベテランは苦手という固定観念があっただけに、この点は少し意外だった。

しかし、話を聞いていく中で全容が見えてきた。熊本市は2001年度に新しいパソコンを各校に導入し、イントラネットや光回線なども整備している。その後の頓挫で後れを取るようにはなったが、少なくとも20年前は全国でも先端を走っていた。そうした中で、情報教育に意欲的に取り組んでいた20代、30代の教員が、数多くいた。

その世代が今、40代、50代となっている。今回、タブレット端末や電子黒板が入ったことで、長く消えていた魂の灯に、再び火がついた教員もいたことであろう。

「喜んでいるベテランは、たくさんいると思う。」

そう話す教育次長の塩津自身も、20年前はそんな教員の1人だったという。

熊本市では、2012年度から毎年度、「教師塾きらり」という現職教員向けの講座を開講してきた。対象はミドルリーダーを目指す若手・中堅で、「塾生」となった受講生にはベテランの「師範」が付き、1年間に亘ってマンツーマンで指導が行われる。具体的に、塾生の授業を師範が見てアドバイスをしたり、師範の授業を塾生が見て学んだりといった活動が行われている他、全国から有名講師を招いての公開講座なども行っている。参加費は無料で、毎年20人前後の塾生が参加している。

「塾生」と「師範」という言葉からは、昔ながらの伝統的な授業像がイメージされるが、実はこの「教師塾きらり」でも、ICTが積極的に取り入れられてきたという。また、熊本市では、教員の自主勉強会も盛んに行われているが、こうした場でもICTの活用は盛んだと聞く。こうした話からも、熊本市の教員が非常に勉強熱心であり、ICT活用への欲求がDNAのように刻み込まれていることが分かる。

「もともと熊本市の教員は、レベルが高い。新しいツールが入り、環境が整えば、熱心に活用してきた教員が中心となって、活用も図られるだろうと思っていた」と教育長の遠藤は語る。その見込み通り、タブレット端末は短期間で多くの学校で活用されるようになり、それが今回の休校期間中、全校でのオンライン授業を実現する礎となった。

特別コラム2

教育の情報化におけるICT環境整備と授業活用をリードする熊本市。2019年度から「熊本市教育の情報化検討委員会」委員長として熊本市に関わってきた中川一史（放送大学教授・博士）氏に、その関わりから垣間見えた熊本市の教育の情報化のポイントについて、筆者とは別の視点で端的に整理し、まとめていただいた。

新たな学びを切り拓く熊本市の教育の情報化〜5つのポイント〜

ポイント1――スモールステップ

熊本市は、GIGAスクール構想以前の2018年度からすでに、全普通教室に大型提示装置とともに3クラスに1クラス分のLTEタブレット端末を段階的に整備してきた。また、地元の大学や企業など、外部機関との連携も積極的に進めてきている。実際に、運用と実践を市内の学校で蓄積・共有してきた。この3クラスに1クラス分の整備と活用がじっくりと行われているインターバルがとても重要なのだ。一足跳びにいきなり1人1台環境整備を実施しても、これまでの授業方法との転換がうまくいかない場合が少なくない。このインターバルの経験（課題も含めて）が、必ず全児童・生徒1人1台環境で活かされることになる。

さらに、コロナ禍では、オンライン授業や家庭学習において、先行整備のアドバンテージをいかんなく発揮した形になったが、それに加え、着実にどの学校、どの学級でもスムーズに実施できるようにするため、オンライン授業のスモールステップ（5段階）を示して、無理なく進めていけるようにした。

何事も一足跳びに理想の形になるのではあれば、苦労はいらない。しかし、段階を踏んで経験を積み、次の見通しを自ら描けるようにしていく。ここを省いては、一部の教員を置き去りにすることになる。そうならないように、丁寧に進めている。

ポイント2――トップの考え方・推進力

ドラスティックな教育改善には、トップの考え方・推進力が影響する。熊本市は、市長も教育長も、学校への積極的なICT環境の推進に尽力されてきた。なぜそれが必要なのか、教育ビジョンも明確だ。例えば、遠藤教育長は、「できるところからやる」ということを大事にされてきた。オンライン授業への取り組みもそうだが、すべてスタート地点で、平等の環境ではないことを前提として進めている。同じ条件でなければ、進められないということでは、何も進まない。そのことを熟知されている。

また、ICT機器については、「教員が使えなくてもよいから子供に使わせる」ということを強いメッセージとして送られてきた。教員が詳細の機能まで理解していて使えなければ子供に使わせられないということでは、そのうち多くの機材は埃をかぶるだろう。特に1人1台環境が進む今、子供とともに教員が学んでいく、この姿勢がICT以外にも広がってきているのではないだろうか。

例として2つ挙げてきたが、まだまだたくさんあるだろう。これらのことは、いうのは簡単だが、実際にはなかなか変えられない。だからこそ、トップが強力なリーダーシップで新しい流れを創り出してきた意味は大きい。

ポイント3――整備の充実

ＬＴＥタブレット端末を選定するなど、家庭での活用の対応も先取りしてきた。そしてこれはコロナ禍での活用に限ったことではなく、端末の活用が教室に制限されずに、学校内の至るところで、さらに学校の外でも使えるようにした。これは、整備としての制限の撤廃の一つといえよう。１人１台環境になると、学習規律や情報モラルとのせめぎ合いがあることは事実だが、それらに留意しつつも、活用の選択肢を広げ、児童・生徒の情報活用能力を付けていく両輪を押さえていくことは重要である。

熊本市は、制限をゆるやかにすることで、探究的な学びの実現にツールとしてのＩＣＴがさまざまな場面で活かされるようになった。また、表現活動をサポートできるようなソフトウェアやアプリを積極的に整備した。ソフトウェアやアプリは、たくさんあればよいというわけではない。どのような教育のビジョンをもち、子供たちにどのような力を付けていくのか、さらに授業イメージを明確にもち、それには何が最適なのか、十分に考慮してきた。

ポイント4——教育センターのフットワーク

熊本市に関わってすぐに気付いたのは、研修を担当する教育センターのフットワークの軽さだ。これは特筆に値する。何しろ動きが早い。じっくり検討することも大事だが、タイミングを逃してはならないという雰囲気が優っている。例えば、学校がセンターに研修を依頼する場合でも、紙の依頼書は一切必要ない。また、学校全体の研修にこだわらず、限定した一部の教職員の研修にも対応する。また、センター主催の研修も、フェイスブックが随時更新され、研修の申し込みから研修の様子についての最新の情報が手に入る。煩雑な手続きを省くことで、教員が必要になった時、興味・関心が向いた時のタイミングを逃さない。

いずれにしても、研修を受けにくくするような一切の制限を排除するという考え方だ。

このような軽やかな対応が、結果として教員のＩＣＴ活用指導力を高めるとともに、子供たちが１人１台環境を自在に活用していくことを見守るという、ゆったりとした教員側の構えも醸成することになる。

ポイント5——根底にある教育のコンセプト

整備のベースにあるのが教育のコンセプトだ。何も考えずに整備ばかり進んでも意味はない。どのような教育観がベースにあるかが一番重要だ。なぜ、１人１台環境を進めるのか、それには何が必要か、これらの選択や実際の整備が、根底にある教育コンセプトに裏付けられていなければ、宝のもち腐れになるだろう。

熊本市では、「教えてもらう」から「学びとる」へと子供の側に立った授業観の転換を打ち出してきた。教師が必要以上に子供のＩＣＴ活用の管理をし、統制的に綺麗な授業をすることがよいとは限らない。子供自らが判断し、例えば最適なツールを選んで使っていく。そのような自立した「情報活用能力」の育成こそが今後重要になってくる。新学習指導要領にも「主体的」という言葉が何度も出てくるが、それを具現化することは、そんなに簡単なことではない。熊本市では、ＩＣＴの整備にからめて、授業改善を市全体で進めているのだ。

まとめ

文科省が２０２０年６月に公開した『教育の情報化に関する手引（追補版）』「第１章社会的背景の変化と教育の情報化」によると、「これからの学びにとっては、ＩＣＴはマストアイテムであり、ＩＣＴ環境は鉛筆やノート等の文房具と同様に教育現場において不可欠なものとなっていることを強く認識し、その整備を推進していくとともに、学校における教育の情報化を推進していくことは極めて重要である」としている。タブレット端末を含む１人１台の学習者用コンピュータが特別なものでなく、鉛筆やノートなどの文房具のように子供たちにとって当たり前のツールとして生活や学習場面に「なじんでいく」ことこそが今後のあるべき姿である。使いたい時に使いたいように使いたい子供が使っていく。それこそが「特別なものではない」ということであろう。

中川一史（放送大学教授・博士（情報学））

第3章

これが熊本市のオンライン授業だ！

一斉休校期間中に行われていたオンライン授業とは、実際にどのようなものだったのか。この章では、第2章でも登場した市立楠小学校、楠中学校におけるオンライン授業の具体的内容を紹介していく。

3月中も、一部で始まっていたオンライン授業

熊本市のオンライン授業開始は、公式には「4月15日」だが、実際にはそれよりも以前に独自の判断でスタートさせていた学校もあった。先行導入校である楠小学校も、そんな学校の一つだ。

2月28日、同校の4年生のクラスでは、保護者参加の下、「2分の1成人式」が行われる予定だった。ところがその前日、安倍首相の休校要請が報じられた。この状況で、たくさんの保護者を招いて開催するわけにはいかない。かといって、「2分の1成人式」を保護者の参加なしで開催しても意味がない。「延期」が濃厚となったが、担任の山下若菜教諭はどうしても28日に開催したかった。「たとえ休校に入っても、卒業式は行われるだろうと思った。でも、『2分の1成人式』は、このまま中止になってしまう可能性が高いと思った」というのがその理由であった。

「『2分の1成人式』をZoomで開催させてください。」

山下教諭は長尾秀樹校長に申し出た。教室の様子を動画で配信し、家庭から「2分の1成人式」に参加してもらうというのだ。事前に長尾校長から了承を得た上で、山下教諭は

すぐに各家庭に連絡を入れた。

28日、「2分の1成人式」は予定通りに開催され、多くの保護者が自宅のパソコンやスマートフォンからその様子を見守った。遠方の祖父母が見たという家庭もあれば、職場から見たという保護者もいた。終了後、保護者からは感謝のメッセージが届くなど評判は上々だった。山下教諭はこの時、「休校期間中も、オンラインで授業ができるんじゃないか……」と思ったという。

週明けの3月2日（月）から、学校は休校に入った。その後、9日の登校日には、市の方針通り、5年生全員に家庭学習用にｉＰａｄが渡されることとなった。だが、同校にはまだ1クラス分以上の端末が余っていた。４年生は単学級だったので、山下教諭は「うちの学年ももち帰らせてほしい」と、長尾校長に申し出た。長尾校長はこれを承諾し、同校は４年生と5年生がｉＰａｄをもち帰ることとなった。

最初のオンライン授業は、登校日の翌日の10日。４年生を相手に、山下教諭がやってみることとなった。同校でも初めてとなる試みだけに、他の教員も興味津々でその様子を見守った。

教科は国語、単元は物語文「木竜うるし」。教科書を皆で読み、子供たちが好きな場面を写真に撮って、感想を添えて提出箱に出すというものだった。授業の流れはごくシンプルだったが、子供たちは集中して学習活動に臨んでいた。他の教員は「iPadを使って、こんなことができるんだ」と感心しきりだった。

翌11日には、5年生の島田沙知教諭のクラスでも、オンラインで授業が実施された。教科は同じく国語、単元は「大造じいさんとガン」。全員で教科書を読んだ後、島田教諭が予め作成しておいたワークシートの課題に子供たちが取り組んだ。

こうして同校では、3月の段階からオンライン授業が行われた。実施回数は4年生が4回、5年生が5回と決して多くはなかったが、教科は国語、社会、音楽、外国語など多岐に渡り、学び残していたかなりの部分をカバーすることができた。加えて、Zoomでつながりながらの「フリータイム」も設けられ、子供たちが教員に見守られながら自主学習をしたり、教員に相談をしたりする機会もあった。

日本の公立学校はとかく横並び意識が強く、同じ自治体の校長間で連絡を取りながら、

楠小学校における3月中のオンライン授業

<table>
<tr><th></th><th>4年生</th><th>5年生</th></tr>
<tr><td>3月9日（月）</td><td colspan="2">登校日（タブレット端末を自宅にもち帰る）</td></tr>
<tr><td>10日（火）</td><td>1回目　国語</td><td></td></tr>
<tr><td>11日（水）</td><td>2回目　音楽</td><td>1回目　国語</td></tr>
<tr><td>12日（木）</td><td></td><td></td></tr>
<tr><td>13日（金）</td><td></td><td>2回目　音楽</td></tr>
<tr><td>14日（土）</td><td colspan="2"></td></tr>
<tr><td>15日（日）</td><td colspan="2"></td></tr>
<tr><td>16日（月）</td><td>3回目</td><td>3回目　外国語</td></tr>
<tr><td>17日（火）</td><td>4回目</td><td>4回目　社会</td></tr>
<tr><td>18日（水）</td><td></td><td></td></tr>
<tr><td>19日（木）</td><td colspan="2">卒業式</td></tr>
<tr><td>20日（金）</td><td colspan="2">春分の日</td></tr>
<tr><td>21日（土）</td><td colspan="2"></td></tr>
<tr><td>22日（日）</td><td colspan="2"></td></tr>
<tr><td>23日（月）</td><td></td><td>5回目　音楽</td></tr>
<tr><td>24日（火）</td><td colspan="2">修了式（タブレット端末を学校へ持参）</td></tr>
</table>

歩調を合わせるようなことも少なくない。今回、同校の取り組みは市内の他校に一歩も二歩も先んじた形になるが、校長にも教員にも迷いはなかった。子供たちの学びを止めない。そのためには、「不平等だからやらない」のではなく、各学校、各教員ができることから何でもやればいい。そんな思いが、関係者の共通認識となっていた。

不登校気味の子供も意欲的に参加

4月15日以降は、同校でも3年生以上の学年で、オンライン授業が始まった。すでに山下教諭や島田教諭が実施している様子を見ていたとはいえ、他の教員にとっては不安も少なからずあった。日頃の授業では積極的にiPadを活用してきた村上公英教諭も、オンライン授業については当初、「同僚がやっているのを見てすごいなと思った。自分に同じことができるとは、すぐには思えなかった」と話す。

新年度、4年生を担任することになった村上教諭は、最初に社会科でオンライン授業を行った。テーマは「都道府県」。普段の授業なら、都道府県名の名称や位置、地理的な特色などを覚えていくのだが、村上教諭はカメラに向けて都道府県の形が描かれたフリップを提示し、「この形、何に見える?」と問い掛けた。すると、画面の向こうの子供たちからは、「○○に見える!」「○○みたい!」などと、元気な声が次々と返ってきた。「4月当初はまだ、オンライン授業=講義型のイメージが強かった。だからとにかく、面白いことをしようと思った」と村上教諭は振り返る。

村上教諭が担任するクラスには、前年度から不登校気味の子供がいた。だが、オンライ

都道府県の形を提示して「何に見える？」と問い掛ける村上教諭

ン授業では毎回、真っ先にZoomに入ってきて、意欲的に参加している。ある日、その子供の母親から村上教諭にメールが入った。「オンライン授業がうちの子にはとても合っているようで、毎回楽しみにしています。先生の『都道府県が何に見える？』という授業が、うちの子にはツボにはまったようです」とのことだった。このように不登校の子供がオンライン授業に参加する事例は多数報告されており、この点は後述する。

　4月当初は、こうした講義型の授業を行っていた村上教諭だが、少しずつ「これでよいのだろうか」との葛藤も芽生え始めていた。普段の授業では、子供たちがｉＰａｄを使いながら「学び合い」をしている。そうした授業が、オンラインでもできないものかと考えていたのだ。

そんな時、ＩＣＴ支援員から教えてもらったのがＺｏｏｍの「ブレイクアウトルーム」だった。この機能を使えば、クラス全体を５〜６人ずつのグループに分けて、話し合いなどができる。早速、村上教諭はトライしてみることにした。

とはいえ、いきなり難しい議題を出しても、画面越しでの話し合いは盛り上がりにくい。そこで、初回は「最近見た夢」についてフリートークをすることにした。「先生、最近こんな夢を見たんだよね。みんなも、夢のことを教えてよ」。そう問い掛けて「ブレイクアウトルーム」を始めると、村上教諭の目論見通りグループでのトークは大いに盛り上がった。子供たちはその後、「ブレイクアウトルーム」でのグループ活動に、意欲的に取り組むようになっていった。

「先生、いいから早くグループ分けをして!」

5月に入ると、この「ブレイクアウトルーム」の活用は、次第に他の教員にも広がっていった。同校で最初にオンライン授業を実施した山下教諭も、この機能を使ってグループ活動をしてみた。すると、各グループの活動は大いに盛り上がり、翌日の授業は出席率が100%になったという。「私が課題について説明していると、『先生、いいから早くグループ分けして!』と子供からいわれました」と、山下教諭は話す。

オンラインでの「ブレイクアウトルーム」は、教室で行われるグループ活動と似て非なる部分も多い。同校で5年生を担任する森下蘭教諭は、自身が行ったオンライン授業での出来事を次のように話す。

「教室ではあまり発言しない子供が、オンラインの『ブレイクアウトルーム』では積極的に発言していて驚いた。ただ、私がグループに入ると途端に話さなくなってしまう子供もいたので、なるべくこっそりと入るようにした。」

「ブレイクアウトルーム」において、ホスト役の教員は、どのグループにも自由に出入りができる。そして、教員がグループに入ると、子供たちの画面にはその顔が映る。多くの子供は「先生がきた！」と喜ぶが、中には途端に話さなくなる子供もいるという。理由は分からないが、教員の前で発言することに、どこか遠慮があるのかもしれない。そのため、森下教諭は自身のビデオ設定をオフにして、子供からは顔が見えない形で「こっそり」と入室するようにしていた。こうした小技が使えるのも、オンライン授業ならではといえよう。

「ブレイクアウトルーム」では、ホスト役がアカウントをもっていれば、教員がメンバー編成を自由に組める。ただ、今回の休校中は、アカウントの取得までは行っていなかったため、メンバーの割り振りはコンピュータがランダムに行う形となった。その結果、子供たちは毎回、異なるクラスメイトと話し合いを行うことになり、互いの知らない一面を知ったり、新しい友達関係ができたりすることになった。同校の子供たちからは「毎日が席替えみたいで楽しい」との声も聞かれたという。

バーチャル背景を使いこなす

Ｚｏｏｍには、「バーチャル背景」という機能がある。自分の背景を好きな画像にできる機能で、一般的には家の中の様子を見られたくない時などに使う。今回のオンライン授業では、意外にもこの機能がさまざまな場面で役に立ったという。

ある時、村上教諭は算数の授業で、「□×3＝21」の□が7であることを求める問題を出した。その後、「ブレイクアウトルーム」で、答えの求め方を発表し合う中で、ある子供が「21÷3＝7」とノートに書き、端末のカメラに差し出して見せた。だが、他の子供にはよく見えない。そこで、その子供はノートをカメラで撮影し、「バーチャル背景」の機能を使って、自分の後ろに映し出した。すると、背景のノートがホワイトボードのようになり、皆に分かるように説明することができた。

新年度から6年生の担任となったの山下教諭は、ある時「次の授業は外国語だから、みんな自分が行きたい国をバーチャル背景にして参加してね」と指示した。単元の内容が「Are you from ～」と、出身地を答えるものだったため、子供たちの興味・関心を高めようと思ったのだった。ところが、いざ授業が始まると、何人かの子供が、設定の仕方が分からず戸惑っていた。すると、ある子供が「先生、こんなのつくったよ！」と、「バーチャル背景」の設定方法を説明したロイロノートのファイルを送ってくれた。「子供の吸収力は本当にすごい。あっという間に、新しい使い方を次々と覚える」と山下教諭は話す。

オンライン授業の実際

実際に、オンライン授業がどんなふうに行われていたのか、具体的なイメージが湧きにくい人もいると思うので、写真を交えながら解説する。

左ページの写真は、山下教諭が教室でオンライン授業をしている様子である。左側の電子黒板に子供たちの顔がズラリと並んでいるが、これがＺｏｏｍの画面である。画面の表示設定を変えれば、発言している子供だけを大写しにすることもできる。

山下教諭の前には、ノートパソコンと実物投影機がある。実物投影機はＵＳＢケーブルでノートパソコンと接続され、カメラとマイクの機能を果たしている。もちろん、カメラやマイクが付いているノートパソコンもあるが、こちらのほうが圧倒的に画質・音質がよい。

　左手にもっているのがｉＰａｄで、実はこれ１台だけでもオンライン授業はできる。だが、ここではＺｏｏｍでの接続をパソコン側で行い、ｉＰａｄはロイロノートで課題を出すなどのために活用している。

　ちなみに、ノートパソコンには電子黒板と同じ画面が映っている。ホスト役の教員は、子供たち一人ひとりのビデオと音声の「オン」「オフ」を切り替えることが可能で、例えば1人の子供が発表している時に、他の全員の音声をオフにすることができる。また、「画面の共有」という機能があり、自分の端末内にある画像や文書、WEBページなどを参加者全員の画面に表示させることもできる。

気になるのが通信容量だが、Zoomの場合、1時間で300MB程度といわれている。45分授業を1日に2コマ行ったとしたら、週当たりの通信容量は2・25GBに上る。家庭にインターネット回線があり、かつ無線LANルーターが設置されていれば問題ないが、そうでなければiPadの通信容量的には厳しい。教育センターが作成したオンライン授業のモデル（23ページ参照）が、課題を出した後にいったん接続を切る仕様になっているのは、こうした事情も考慮してのことである。

もちろん、オンライン授業のやり方は、学校や教員によって違っていて、ノートパソコンだけで行った教員もいれば、iPadで行った教員もいた。極端な話を言えば、自宅から自分のスマートフォンで行うことも不可能ではない。

生活にメリハリをもたらす小学校のオンライン授業の時間割

次に、オンライン授業がどのような時間割で行われていたのかを見てみる。138ページの表は、島田教諭が新年度から担任を務める3年1組の「5月11日（月）〜15日（金）」の時間割である。

見ての通り、通常の時間割とほとんど変わらず、1日6時間の授業がびっしりと組まれているのが分かる。1コマは40分と少し短めで、その分、休憩時間を10分間取っている。教科では、専科担任の理科と図工、総合的な学習の時間がないものの、それ以外は2020年度に始まった外国語（英語）も含め、すべて組み込まれている。

1日の流れを最初から見ていこう。まず、1時間目は子供たちが自主的に取り組む「課題」、その後にZoomでつながって、健康観察と2時間目の授業が行われる。その後はいったんZoomを切り、子供たちは3時間目、4時間目、5時間目と「課題」に取り組む。そして、再びZoomでつながり、6時間目の授業が行われる。その後は、「放課後」的な感じで、20分間「フリーの時間」が設けられている。

楠小学校3年1組のオンライン時間割（5月11～15日）

日	11日（月）	12日（火）	13日（水）	14日（木）	15日（金）
【1時間目】 9：00～9：40	国語 課題	算数 課題	国語 課題	算数 課題	算数 課題
9：50～10：00	健康観察 Zoom				
【2時間目】 10：00～10：40	音楽 Zoom	道徳 Zoom	外国語 Zoom	社会 Zoom	道徳 Zoom
【3時間目】 10：50～11：30	音楽 課題	道徳・体育 課題	外国 課題	社会 課題	道徳・体育 課題
【4時間目】 11：40～12：20	国語 課題	音楽 課題	社会 課題	国語 課題	算数 課題
12：20～13：40	昼休み				
【5時間目】 13：40～14：20	算数 課題	国語 課題	算数 課題	読書 課題	国語 課題
【6時間目】 14：30～15：10	算数 Zoom	算数 Zoom	国語 Zoom	算数 Zoom	算数 Zoom
15：10～15：30	フリーの時間				

１日に４時間ある「課題」の具体的な中身は、Ｚｏｏｍでつながっている時に、教員が指示する。基本的には、子供がロイロノートやメタモジを使って課題に取り組み、教員に提出するという流れで、この時間も教員・子供間のやり取りは行われている。つまりビデオ通話でつながっていないだけで、歴としたオンライン授業である。

こうした時間割を見ても、同校の子供たちがほぼ終日、しっかりと学習活動に取り組んでいた様子が伝わってくる。１日が終わった後、子供たちは心地よい疲れに包まれ、夜もよく眠れていたのではないだろうか。

ロイロノートを使った健康観察（中央の青字は教員のコメント）

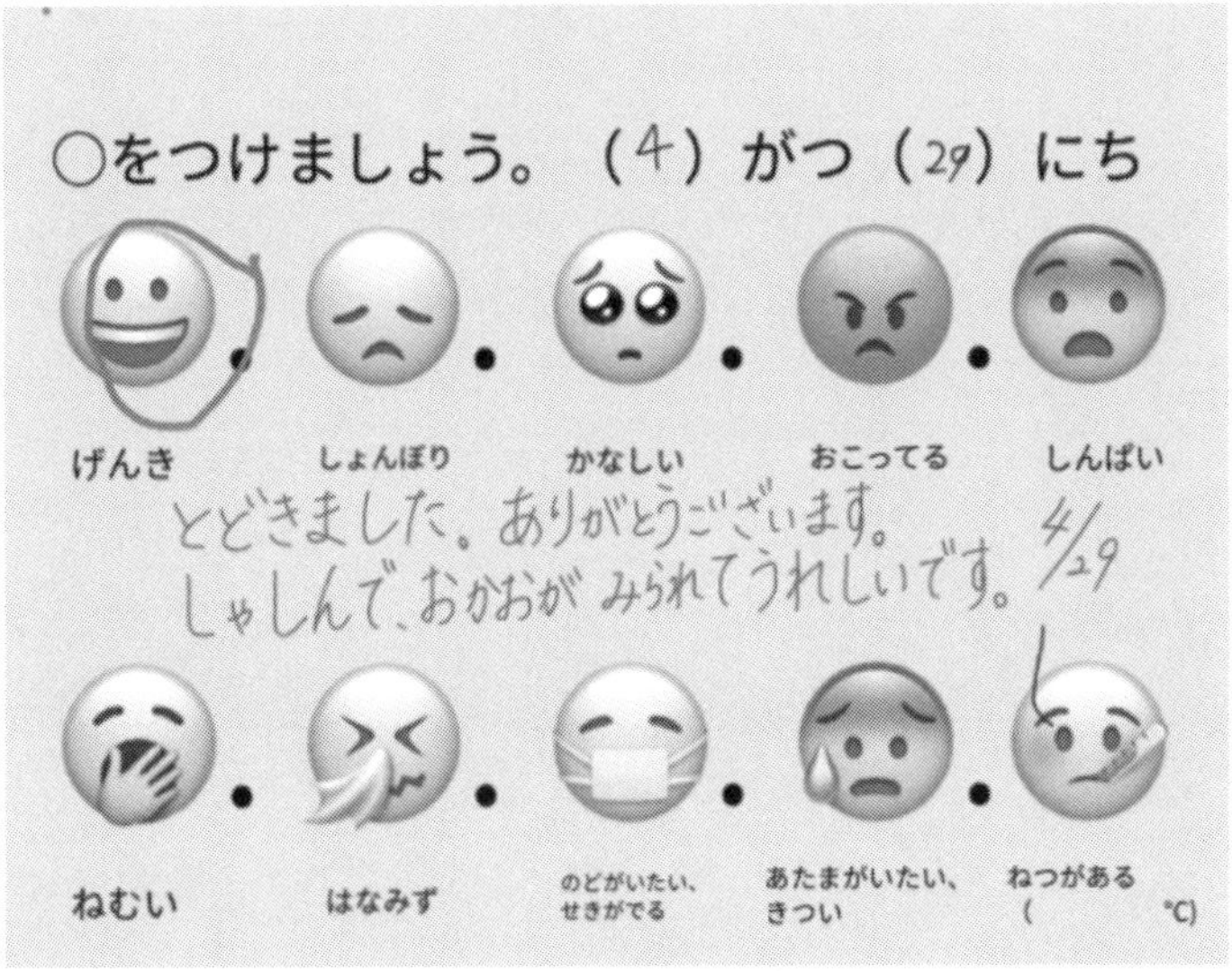

また、オンライン授業により、規則正しい生活習慣が保たれていたことも分かる。

前述したように、市内の他の学校も含め、小学校１・２年生では、Ｚｏｏｍでのオンライン授業は行われていない。ただ、学校・家庭間のつながりは保っておきたいと考え、同校では保護者のスマートフォンなどに「ロイロノート」をインストールしてもらった上で、健康観察を実施していた。具体的に「げんき」「しょんぼり」「かなしい」などのアイコンが並んだシートを送り、該当するものに丸を付けて送り返してもらうというものであった。中には、「しょんぼり」「かなしい」などに丸が付いてくることもあり、その場合はコメントで励ましの言葉を返すなどして、きめ細かにケアを行った。

現場の工夫で3年生・4年生で端末をローテーション

同校では、タブレット端末を必要とする家庭の数が、学校にあるiPadの台数（81台）を上回っていた。そのため、端末は5・6年生に優先して渡し、残りの端末を3年生と4年生でローテーションすることにした。具体的には、4月14日に4年生に渡し、28日の登校日にもってきてもらって、3年生に受け渡すことにした。

とはいえ、それ以降は登校日がないため、そのまま3年生が使い続ければ4年生よりも圧倒的に使用日数が多くなってしまう。そのため、どこかのタイミングで3年生から4年生へ受け渡す必要があった。とはいえ、家庭から家庭へ、受け渡しをお願いするわけにはいかない。

そこで5月19日に同校の教員が各家庭を回り、端末を回収することにした。もちろん、回収したiPadはいったん学校にもち帰り、きれいに消毒をして、どの子供にどの端末を渡すかを控えるなどした上で、4年生に再配付した。最終的に、端末の使用日数は3年生が21日、4年生が23日となった。

同じようなやり繰りは、市内の他の学校でも行われていた。「オンライン授業」と聞くと、どことなくスマートな印象を受けるが、今回これを実現させる過程では、現場レベルでの泥くさい奮闘もあった。「子供のためなら」と労を惜しまず、面倒なことにも熱心に取り組む教員たちの姿は、全国津々浦々、どの学校を訪ねても見られる。熊本市のオンライン授業も、とかくハード面に注目が行きがちだが、実現の背後には関係者の地道な努力や創意工夫があったことを見逃してはならない。

時間割編成もひと工夫が必要な中学校のオンライン授業

続いて、同じく第2章に登場した楠中学校のオンライン授業を紹介する。同校でオンライン授業が始まったのは4月15日。市内の全校で、オンライン授業がスタートしたのと同じ日であった。

同校のオンライン授業は、楠小学校のそれとは実施形態が大きく異なる。そもそも、教科担任制の中学校では、時間割をどう組むかでひと工夫が求められる。

左ページの表は、初日の4月15日の学年別の時間割である。最初にZoomでつながり10分間の健康観察を行うのは同じだが、その後は5分間の短い授業が2コマあるだけで、Zoomでの接続はそこで終了する。そして、その後は生徒たちが個別に課題に取り組み、15時までに「提出箱」に提出する。

5分間のZoom授業では、教員が課題の内容や単元のポイントを説明する。その意味では「授業」というより、「課題提示の時間」というほうが、しっくりくるかもしれない。ただし、生徒たちが短いZoom授業の中でも円滑に課題に取り組めるよう、手厚いフォローを行っている。具体的には、各教科の教員が指導計画をきめ細かく作成し、それを基に1コマごとのワークシート、講義動画、お手本動画などをロイロノートの「資料箱」に入れ、生徒が学習の目当てを把握し、振り返るまでをスムーズに行えるようにしている。

Zoomでつながる時間は、3年生が9時から、2年生が9時25分から、1年生が9時50分からとなっている。こうして時間をずらすことで、きょうだいで在籍しているような

4月15日の楠中学校のオンライン授業の時間割

【3年生】

	3年1組	3年2組	3年3組
9：00～9：10	健康観察	健康観察	健康観察
9：10～9：15	数学	社会	国語
9：15～9：20	国語	英語	理科
9：20～	課題に取り組む（15時までに提出）		

【2年生】

	2年1組	2年2組	2年3組	2年4組
9：25～9：35	健康観察	健康観察	健康観察	健康観察
9：35～9：40	理科	社会	数学	社会
9：40～9：45	英語	数学	国語	英語
9：45～	課題に取り組む（15時までに提出）			

【1年生】

	1年1組	1年2組	1年3組	1年4組
9：50～10：00	健康観察	健康観察	健康観察	健康観察
10：00～10：05	国語	理科	英語	社会
10：05～10：10	理科	国語	社会	英語
10：10～	課題に取り組む（15時までに提出）			

楠中学校でのオンライン授業の様子

場合も、端末の奪い合いにはならない。

15時までに提出された課題は、各教科担当がその日のうちに目を通し、一人ひとりにフィードバックをする。教員にとってはなかなか大変だが、生徒にとってはその日のうちに自身の課題を把握できるため、復習などに生かすことができる。もちろん、学習意欲の維持という点でも、こうしたきめ細かな対応は効果的に違いない。

同校では4月21日から、教員の在宅勤務も始まった。ここでは、まず担任と生徒がZoomに入室し、10分間の健康観察を行った後、タイミングを見計らって1人目の教科担当教員が入室してくる。そして、5

分間の説明が終わる頃、2人目の教科担当教員が入室してくる。担任も2人の教科担当教員も、自分専用のiPadをもっているので、自宅からでも何ら問題なく接続・入室ができる。

一般的に、学校教員は最もテレワークがしづらい職業と捉えられてきたが、こうした様子を見る限りは、不可能ではないことが分かる。教員も子供も、離れた場所からみんなでつながって行われる授業に、新鮮な感覚を覚えたことだろう。

生徒が自律的に学ぶことを期待した中学校の時間割

4月27日からは、朝のZoom授業が2教科から3教科に増えたが、これといった問題もなく、学習活動は順調に進んでいった。朝の健康観察では、生徒が30秒スピーチをしたり、生徒会からのメッセージ動画を流したりした。また、全員が入室してくるまでの間には、担任がクイズやなぞなぞを出すなどして場を和ませた。

5分間のZoom授業では、課題の提示以外にも、前回の課題のできていなかった部分

4月27～5月29日の3年生の時間割

学級	月	火	水	木	金
3年1組	美術 国語 数学	社会 技術 理科	英語 音楽 体育	数学 英語 社会	家庭 国語 理科
3年2組	社会 英語 音楽	理科 国語 美術	技術 体育 数学	家庭 理科 英語	国語 社会 数学
3年3組	体育 理科 美術	技術 数学 社会	国語 英語 音楽	国語 数学 家庭	理科 英語 社会

を重点的に解説するなどした。あるいは、Ｚｏｏｍの「ホワイトボード」という機能を使って、１人の生徒に解き方を発表させるなどもした。

上の表は、４月27日以降の３年生の時間割だが、全９教科すべてがそろっている。授業回数は主要５教科が週２回、それ以外の教科は週１回となっている。

前述した通り、Ｚｏｏｍでの授業は朝の５分間×３コマのみで、その後生徒は、教員による指導計画に沿いながら個人個人でこれら３教科の課題に取り組み、15時までに提出する。その間、５～６時間ほどあるが、時間をどう使うかは自由で、課題を３時間で終えて、残りは自由時間にしても構わない。前述した楠小学校の時間割とは対照的だが、中学生という発達段階を考慮し、自身の生活をしっかりとマネジメントし、自律的に学ぶことを期待してのタイムテーブルともいえる。

創意工夫を凝らした中学校のオンライン授業

具体的に、中学校ではどのような課題が出されたのか。主として「知識・技能」を養うための学習ドリル的なものが中心なのかと思いきや、そうではない。どの教科においても、生徒たちが「思考力・判断力・表現力」を養うための、探究的な課題が数多く出された。

例えば1年生の理科では、「動物と植物の仲間分け」というテーマについて、生徒たちが自ら調べてまとめ、提出する課題が出された。また、英語では、1年生が英語の自己紹介動画をつくる課題、2年生が英語の絵葉書をつくる課題、3年生がALTの音読を聞いて練習し、動画を撮影して提出する課題などに取り組んだ。

同校ではここ1〜2年ほどの間、こうした探究型の学び、あるいは生徒主体の学習活動をあらゆる教科・単元で実施してきた。そして、そのためのツールとしてiPadを活用してきた。そうした実践の積み重ねがあったからこそ、オンライン授業においても同様の実践ができたに違いない。

休校期間中、同校の生徒たちはこの他にも実にさまざまな課題に取り組んだ。例えば、家庭科では、全学年の生徒が「休校中に、家族のためにトライしたこと」を写真やレポートにまとめて提出する課題に取り組んだ。生徒たちは、学校で学んだことを生かして、ピザづくりやマスクづくりなどに挑戦し、その様子をレポートにまとめて提出した。

こうして実生活との結び付きを意識した学習活動は、他の教科でも行われた。その意義について、同校の技術科・松尾祐教諭は、次のように話す。

「技術科は、生活の中から課題を見つけ、学校で学んだ知識・技能を生かして解決していく教科。だが、学校の中だけの学びでは、生活の中の課題を発見しにくい。今回のオンライン授業では、生徒たちが家庭にいて課題に取り組めたことのメリットが大きかった。」

生徒たちの中にある「学校＝勉強するところ」「家庭＝生活するところ」という固定観念が崩れ、学びと生活がつながっている実感を多少なりとも得られたのならば、オンライン学習の大きな成果といえよう。

コロナ禍による休校期間中は、全国各地の多くの学校が、ユーチューブなどを使って授業動画の配信を行った。特に中学校は受験を控えていることもあり、黒板とチョークを使って教員が講義し、その様子を撮影してユーチューブで配信するなどして、教科書の単元を進めていく学校があった。熊本市のような「双方向型」ではないが、生徒にとっては分かりづらい部分を繰り返し再生できるなどの利点があり、オンライン授業の一形態として位置付けられる。

しかしながら、自宅のデスクに座って、50分の授業動画を延々と視聴し続けるというのは、実際にはなかなか厳しいものがある。この点をどうするかは、授業動画の配信における大きな課題の一つといえる。

同校でも各教科において、Zoomでのオンライン授業の他に、講義動画の配信を行った。その具体的な内容は、1コマの授業を3～4の場面に分け、それぞれ1～3分程度の短めの動画とロイロノートの説明シートをセットにして課題を出すというものであった。こうして短時間の授業を組みあわせて「モジュール学習」のような形にして課題を出すことで、生徒たちは集中力を切らすことなく学習に取り組めたという。

オンライン授業の副産物的な思わぬ成果

こうして4月15日から5月25日までの約1カ月半、熊本市では各校でオンライン授業が行われた。その最大の成果は、子供たちの学びが途切れず、規則正しい生活が維持されたことだが、それ以外にも副産物的な思わぬ成果がいくつかあった。

一つ目は、学校と家庭の相互理解が深まったことである。Ｚｏｏｍで授業をしていると、画面に突然、ペットの犬が現れるなどの「ハプニング」も起こる。そうした微笑ましい出来事を通じ、教員は子供が日頃どんな生活を送っているのか、父親や母親とどんな接し方をしているのかなど、その一端を垣間見ることができる。一方、保護者にしても、教員と子供たちが日頃、どんな雰囲気で授業を受けているのかを知るよき機会となる。楠小学校で特別支援学級を担任する上妻明樹教諭は、「保護者が、私と子供のやり取りを見て、自分の子がどんな状況で、どんな課題を抱えているのかを理解してもらえた。保護者の方が『ありがとうございます。何かあればお手伝いします』といってくださった」と語る。

今回、約１カ月半に亘ってオンライン授業を実施したことは、多くの保護者が学校への信頼を高めることにもなった。同校の山下教諭は、「ある母親が、『オンライン授業が始まるまでの１週間、子供と家でずっと一緒にいる状況がすごくつらかった。オンライン授業が始まってからは、子供の表情もよくなり、私も気が楽になった』と話していた」と、ある家庭の状況について話す。オンライン授業がある熊本市でよかった――そう思った保護者は少なくないであろう。

二つ目は、教員の指導力が高まったことである。画面越しでの授業は、やはり対面での授業に比べて、伝わりづらい部分が多い。そのため、指示などは丁寧かつ具体的に出す必要がある。この点について、楠小学校の島田教諭は、「教室での授業は、何となくでも伝わるが、オンライン授業では伝わりにくい。そのため、いつも以上に教材づくり、指示・発問などを丁寧にした」という。恐らく、同様のことを感じた教員は多いと思うが、こうした経験は今後の授業づくりにも生かされていくに違いない。楠中学校の中村浩二校長も、「どの教員も画面に向かって、生き生きと授業をしていた。個々の教員の授業力も高まったと思う」と語る。

そして三つ目は、不登校傾向にある子供たちに、学習機会が保障されたことである。今回、多くの教員から、「普段は学校にこられない子が、オンライン授業には参加できた」との話を聞いた。学校・教室という空間に入ることへの心理的な壁は高くても、画面越しで仲間の輪に入ることへの心理的な壁は低い――そうした子供が数多くいる状況が明らかになったことは、今回のオンライン授業の大きな成果といえる。

総合支援課

臨時休校中及び学校再開後の児童生徒の状況調査結果

（2020年7月22日集計）

	設問① 臨時休校中に、昨年度不登校であった児童生徒で、オンラインによる健康観察や課題のやり取りができた児童生徒は何人いましたか。		設問② 臨時休校中に、昨年度不登校であった児童生徒で、オンラインによる授業に入ることができた児童生徒は何人いましたか。		設問③ 学校再開時、昨年度不登校であった児童生徒で登校できた児童生徒は何人いますか。		設問④ 学校再開後、6月の1ヶ月間で、かぜ等の体調不良の理由で「出席停止」扱いとした児童生徒は何人（実人数）いましたか。		設問⑤ ゲーム依存が原因と考えられる児童生徒で、登校できていない児童生徒は何人いますか。	
小学校	人数（人）	割合（%）	人数（人）	割合（%）	人数（人）	割合（%）	人数（人）	割合（%）	人数（人）	割合（%）
	154	49.0	108	34.4	130	41.4	3366	8.3	16	0.4
中学校	人数（人）	割合（%）	人数（人）	割合（%）	人数（人）	割合（%）	人数（人）	割合（%）	人数（人）	割合（%）
	417	57.4	288	39.7	227	31.3	1164	6.1	85	0.4
備考	※設問①～③の割合計算の分母は、小学校は昨年度の1年～5年の不登校児童数（314人）、中学校は昨年度の小学6年・中学1年・中学2年の不登校児童生徒数（726人）としている。 ※設問④・⑤の割合計算の分母は、小学校は今年度の小学校全児童数（40,704人）、中学校は中学校全生徒数（19,044人）である。									

この点について、熊本市教委では7月にアンケート調査を実施している。昨年度不登校だった児童生徒で、「オンラインによる健康観察や課題のやり取りができた」児童生徒は、小学校で49・0%、中学校で57・4%に上り、「オンラインによる授業に入ることができた」児童生徒も、小学校で34・4%、中学校で39・7%に上った。こうしたデータからも、オンライン授業が不登校児童生徒の学習保障につながることが分かる。

さらに、昨年度不登校だった児童生徒で、学校再開後に「登校できた」児童生徒も、小学校で41・4％、中学校で31・3％にも上った。このデータは、不登校児童生徒を学校に通えるようにする上で、オンライン授業が一つのステップになることを示している。

こうした現場からの報告を踏まえ、熊本市教委では6月に、教室で行われているリアルの授業の様子をZoomで家庭に配信するよう各校に通知を出した。すでに、不登校などで学校にこられない多くの子供が、オンラインで授業に参加していると聞く。今後、不登校支援の在り方が、大きく変わっていくかもしれない。

オンライン授業に対する教職員・子供・保護者の感想

熊本市教育委員会では、学校再開後の7月7日から17日にかけて、今回のオンライン授業に関するアンケート調査を実施している（調査対象：教職員1750人、小学生1万9016人、中学生1万5172人、保護者2万530人）。この中で、「オンライン授業の成果と課題」について、教職員、児童生徒、保護者がそれぞれ「特にそう思うこと」を3

つ挙げるという項目があるが、その結果を見るとなかなか興味深い。

まず、教職員を対象とした調査結果を見ると、主な成果としてやはり「オンラインで子ども同士が会うことができた」「子どもの生活リズムが乱れなかった」などを挙げている人が多い。休校期間中、全国の多くの子供たちが生活リズムを乱す中、オンライン授業を通じて基本的な生活習慣や円滑な人間関係が保たれたことのメリットは、やはり多くの教職員が実感している。

一方、課題については、やはり「家庭のＩＣＴ機器を使ったので、操作できないことがあった」を挙げている人が多い。今回は「突貫」でのオンライン授業だったことを考えるとやむを得ないところで、「早く１人１台体制を整えてほしい」という現場からのメッセージと受け止めることもできる。

次に、子供を対象とした調査結果を見ると、小学校では「オンラインで友だちと会うことができた」が最多となっているが、中学校では「自分のペースで学習できた」が最多であった。少し意外な結果といえるかもしれないが、普段の授業の進み方に対し、「速い」あるいは「遅い」と感じている生徒は思いの他多いのかもしれない。

一方、課題については、「質問がしにくかった」を挙げている子供が小・中学校ともに最多であった。オンライン授業では、教師が教室内を巡回する「机間指導」のような形で

オンライン授業の成果と課題（特にそう思うこと３つ）【教職員】

小学校

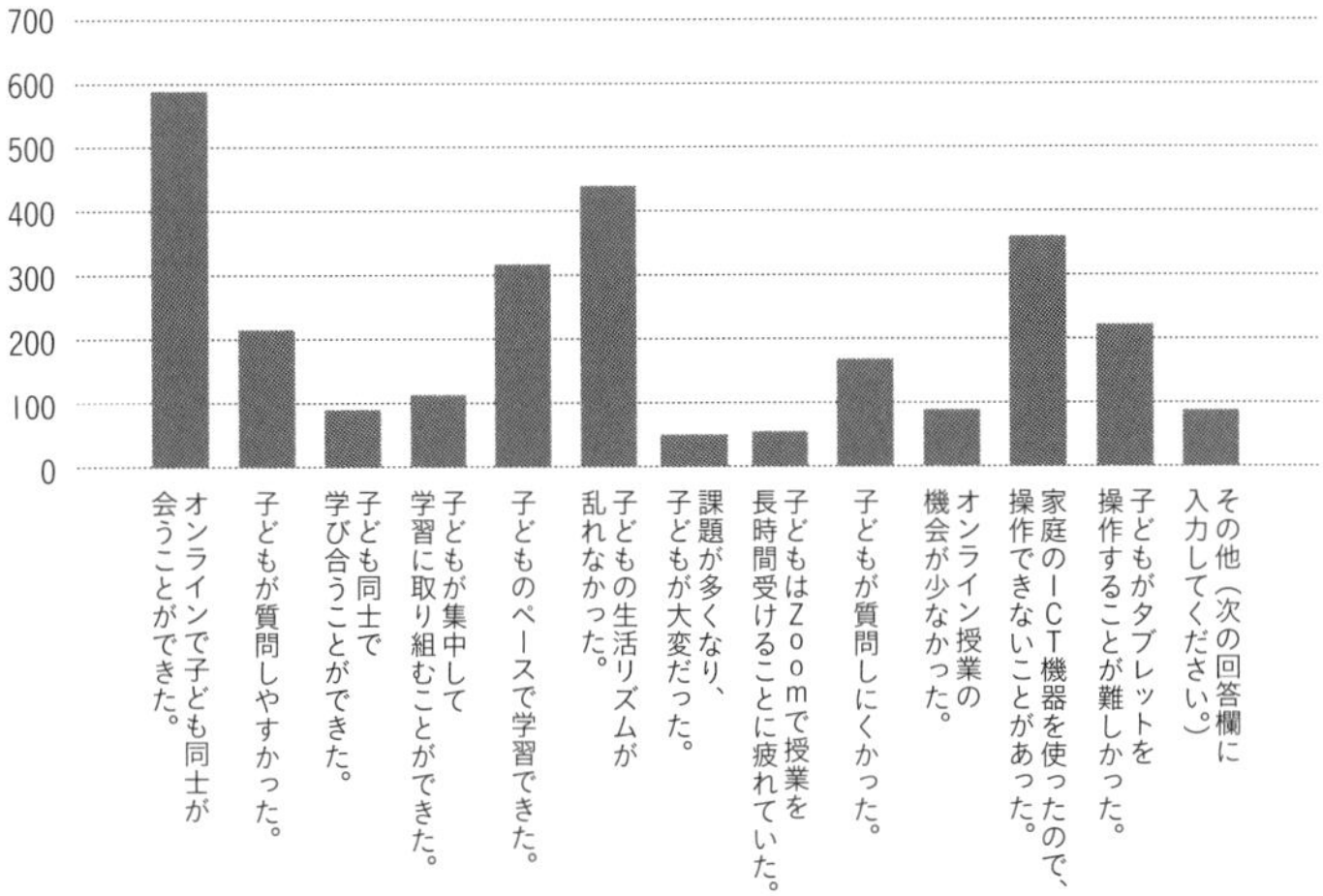

中学校

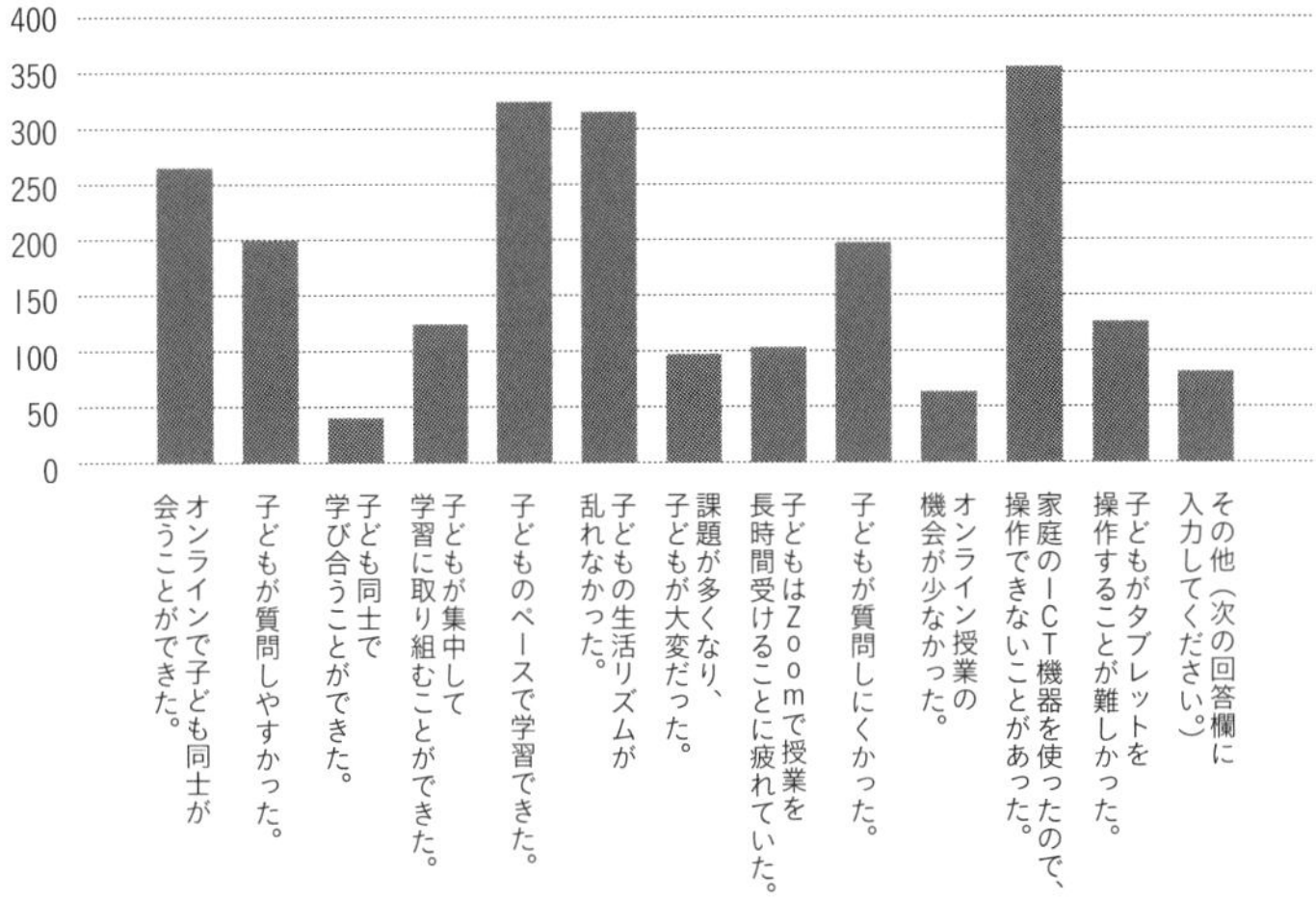

オンライン授業でよかったこと、もっとこうしてほしいと思うこと
（特にそう思うこと３つ）【子供】

小学校

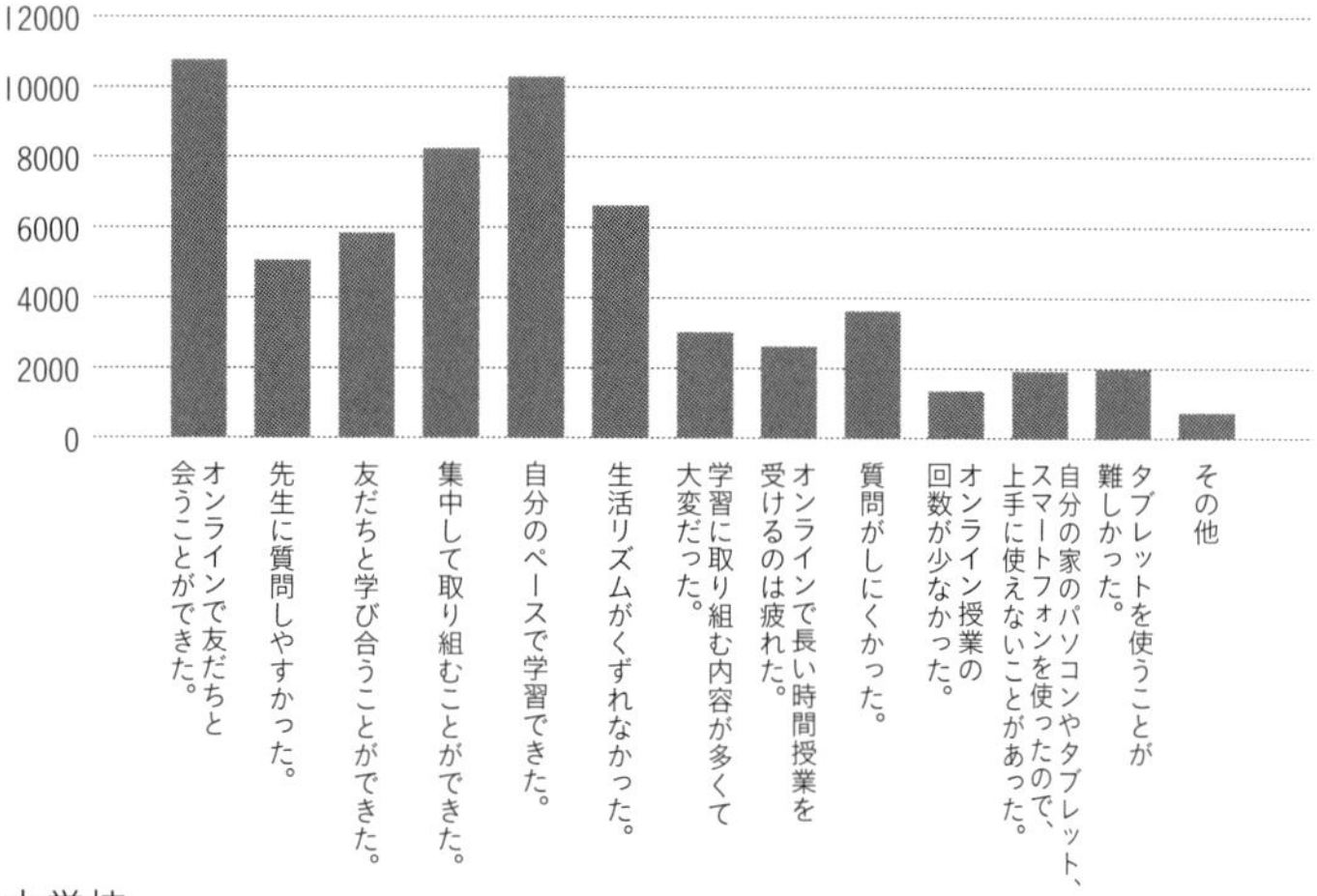

中学校

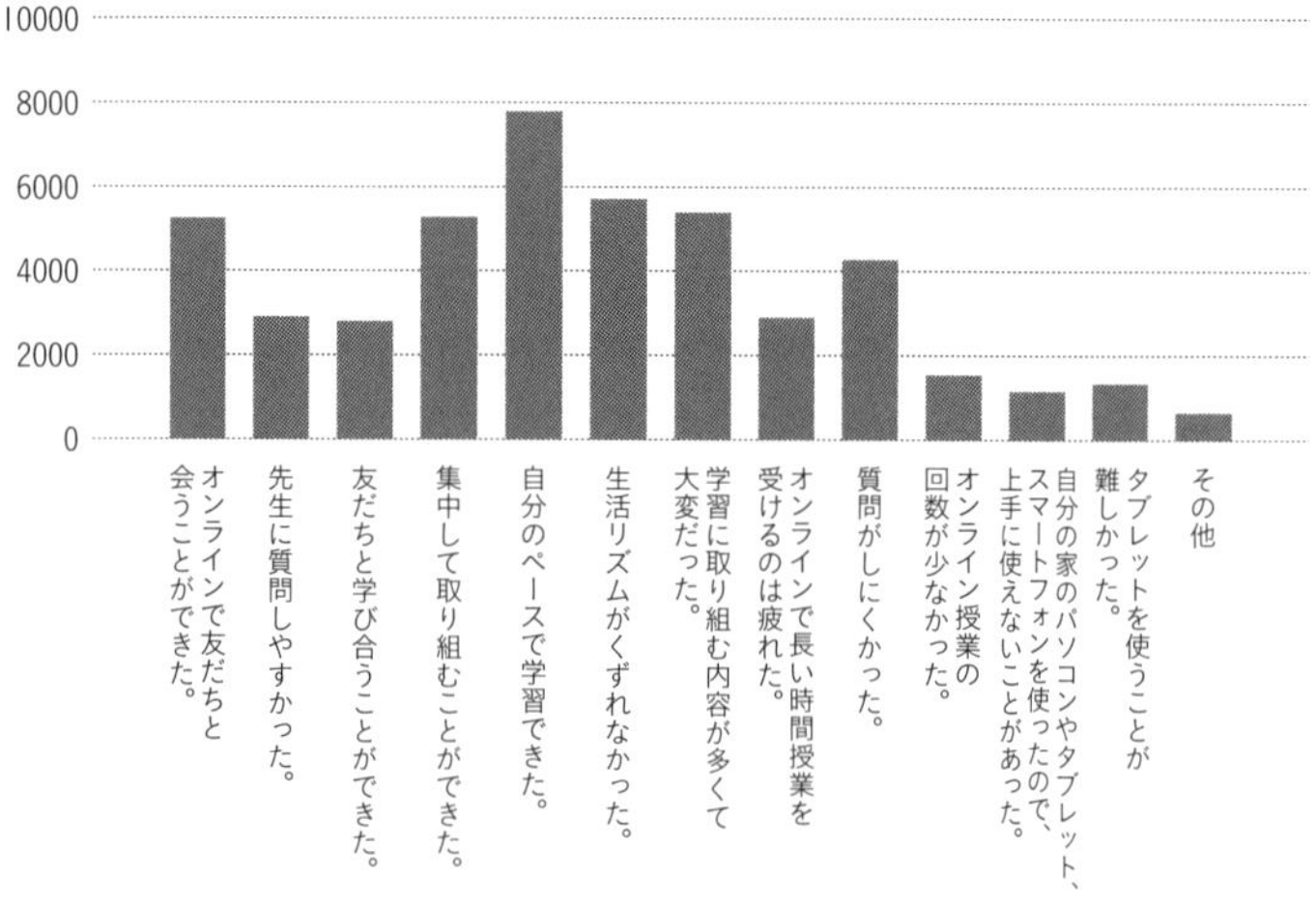

オンライン授業の成果と課題（特にそう思うこと３つ）【保護者】

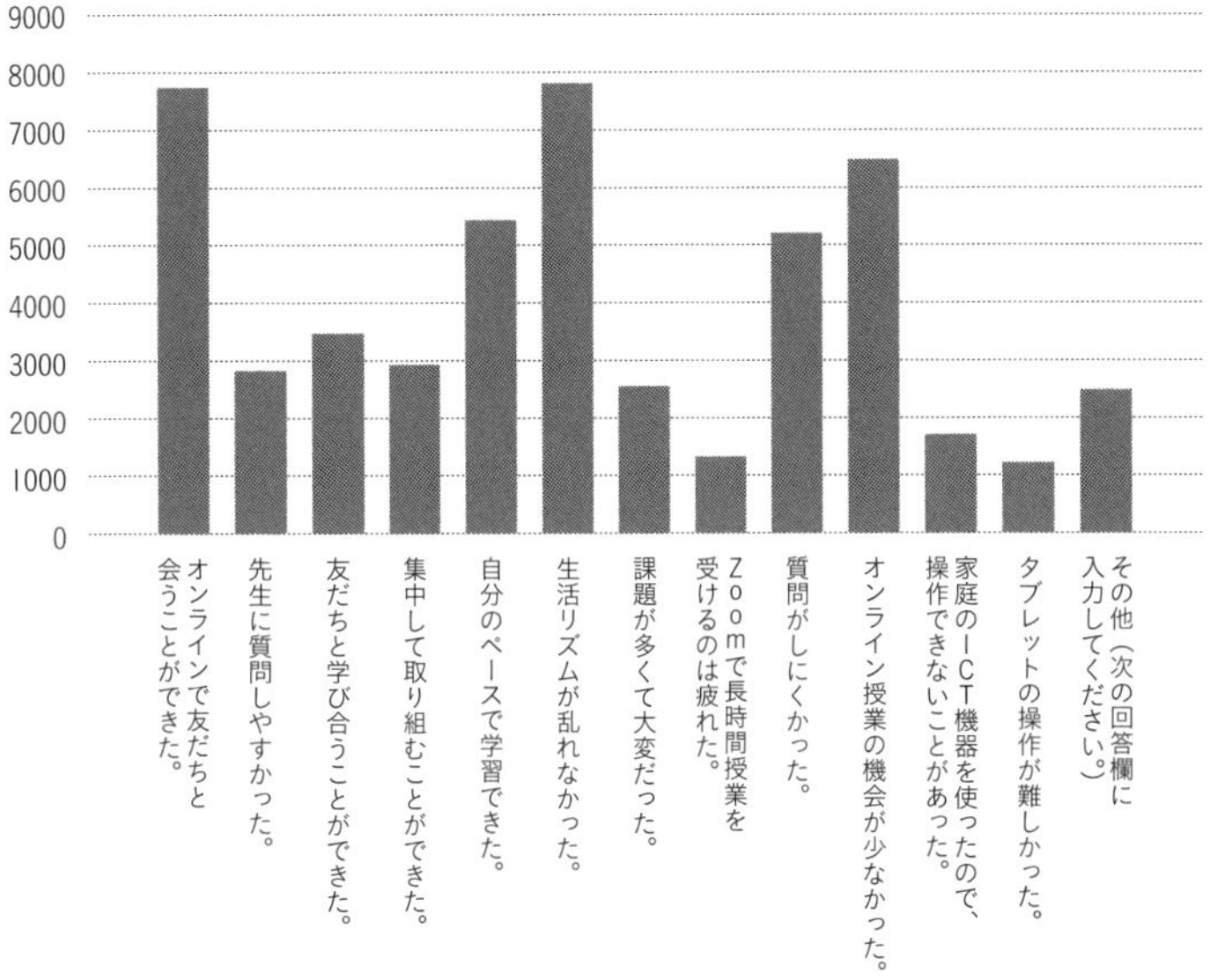

個別にケアするのが難しく、勉強の分からない部分を先生に聞けず、ストレスを感じていた子供もいたということだ。この点は、オンライン授業の弱点といえるかもしれないが、いずれビデオ会議システムの進化に伴い、解消されていくことを期待したい。

最後に保護者を対象とした調査結果だが、成果としてはやはり「生活リズムが乱れなかった」が最多で、次いで「オンラインで友だちと会うことができた」が多かった。自由記述を見ても、「メリハリができた」「生活のリズムが乱れず集中して取り組めた」「先生やクラスメイトに会えて、子供の表情も和らいだ」といった言葉が並ぶなど、多くの保護者がオンライン授業のありがたみを実感している様子がうかがえる。

一方で課題については、意外にも「オンライン授業の機会が少なかった」が最多だった。確かに、この章で紹介した楠中学校の実践を見ても、Zoomを使った授業は朝の20〜25分のみで、その後は生徒が自主的に学習課題に取り組むという形を採用していた。これは、通信容量などを考慮してのことだが、保護者からすれば「せっかくビデオでつながるなら、もっとやってほしい」と思うのは当然とも言える。もちろん、生徒が課題に取り組んでいる時間も含めて「オンライン授業」なのだが、ビデオ会議システム＝オンライン授業と捉えている保護者にとっては、朝の20〜25分だけというのは、少し物足りなさがあったのかもしれない。

その他に、オンライン授業の課題として、教職員や保護者からは次のような自由記述が寄せられている。

・子供の実態と家庭環境の違いから、オンライン授業そのものが難しいところもあった。（小学校教員）
・個人のパソコンだと画面が写っていないなどのトラブルが多かった。（中学校教員）
・アクセスが集中すると課題の提出やロイロノートでデータの送受信がまったくできず、

待っている時間がもったいなかった。スムーズに進められるような環境を整えていただければ。（保護者）

・スマホでオンラインをしていたが、やはり画面が小さすぎて操作にストレスが掛かった。（保護者）

こうして見ても分かるように、オンライン授業の課題の多くは、家庭用の端末を使わざるを得ない状況の中で発生している。今後、セルラーモデルのタブレット端末が1人1台整えば、こうした課題の多くは解消されていくはずだ。

特別コラム3

日本屈指のICT先進自治体に成長した熊本市。そんな熊本市の教育委員として、同市の教育に参画してきた哲学者・教育学者の苫野一徳（熊本大学教育学部准教授）氏に、日本の教育の在り方そのものと、ICTの果たす役割について特別コラムを寄稿いただいた。

システムの転換に向けて

コロナ禍で分かった教育システムの限界

新型コロナウイルスの影響が続く学校教育界は、今、「そもそも学校は何のためにあるのか？」、その存在意義を抜本的に問い直すことを余儀なくされています。

近代の学校制度が始まってから、およそ150年。そのシステムは、ほとんど変わることなく、これまで次のようなものとして続いてきました。すなわち、「みんなで同じことを、同じペースで、同じようなやり方で、同質性の高い学年学級制の中で、出来合いの問いと答えを勉強する」というシステムです。

しかしこのシステムが、コロナ禍のただ中にあっては、ほとんど機能しなくなってしまいました。つまり、みんなで同じことを、同じペースで、一律に進めていくことができない。

実は、コロナ禍の前から、このような一律一斉のシステムは大きな問題を抱えていることが知られていました。例えば、「みんなで同じことを、同じペースで」進めていくと、必ず、授業についていけない子供が出てしまいます。その逆に、すでに授業の内容が分かっているにもかかわらず、先へ進むことができないために、勉強が嫌いになってしまう子供たちも大勢います。嫌な言葉ですが、「落ちこぼれ・吹きこぼれ」問題といわれています。

同質性の高い学年学級制も、大きな問題を抱えています。同調圧力が強いために、いじめが起こりやすいとか、空気を読み合う人間関係ができてしまうとかいった問題が起こりやすくなってしまうのです。

出来合いの問いと答えを中心に勉強するシステムも、大きな問題を抱えています。なぜ、何のためにこんな勉強をしなければならないのか分からず、学びから逃走する子供たちが大勢います。

今回のコロナ禍で、このようなシステムは一層機能しなくなってしまいました。

そこで本コラムでは、このシステムを今後どのように転換していくべきかについて、論じることにしたいと思います。

学校は何のためにあるのか?

と、その前に、「そもそも学校は何のためにあるのか?」について、まずは論じておくことにしたいと思います。教育の構想や改革に当たっては、この〝そもそも〟を抜きにして議論することはできないからです。

端的にいうと、学校は、すべての子供たちが「自由」に、つまり「生きたいように生きられる」ための力を育むために存在しています。「自由」といっても、それはわがまま放題を意味するわけではありません。というのも、「自分は自由だ、何をやるのも勝手だ」といっていたら、それは他者の自由とぶつかることになり、争いになり、結局はお互いの自由を奪い合ってしまうことになるからです。

そこで、私たちは、自らが「自由」に生きられるためには、他者の「自由」もまた認める必要があるということになります。これを「自由の相互承認」といいますが、この「自由の相互承認」の感度を育むことこそ、公教育の最も重要な本質です。

実はこの「自由の相互承認」は、私たちが暮らすこの市民社会、民主主義社会の根本原理でもあります。私たちの社会は、誰もが他者の自由を侵害しない限りで自由に生きてよいし、そしてそのような自由をお互いに認め合うことで、皆ができるだけ自由に平和に生きられることを保障するものなのです。

ちなみにこの「自由の相互承認」の原理は、ヨーロッパの哲学者たちによって250年ほど前に見出された考え方ですが、そこに至るまでの間に、人類は1万年以上もの間、宗教が違えば虐殺したり、人種が違えば奴隷にしたりといったことを当たり前のように続けてきました。今、そのような凄惨な命の奪い合いがかつてに比べて激減したのは、「自由の相互承認」の原理が、この名前は知られていなくとも、多くの人に共有され、この原理に基づく民主主義が世界に広がっていったからです。

その過程において、教育はきわめて重要な役割を果たしました。学校教育を通して、私たちは、誰もが対等な人間同士であるという感度を育むことができるようになったのです。誰もが同じ人間同士。これは、2〜3世紀前まではほとんど誰も考えていなかったような、人間精神の大革命なのです。

以上から、学校教育の本質を改めて次のようにいいたいと思います。すなわち、すべての子供たちが、「自由の相互承認」の感度を育むことを土台に、「自由」に生きられる力を育むことにあると。

「学びの個別化・協同化・プロジェクト化の融合」へ

さて、ところが今、学校は、先ほど述べたような落ちこぼれやいじめ、あるいは不登校など、「自由」とその「相互承認」の観点からいって大きな問題を抱えてしまっています。さらに、今回のコロナ禍において、一律一斉の教育によって学習権を保障することの困難も浮き彫りになりました。

では、どうすればよいか。

私は長らく、「学びの個別化・協同化・プロジェクト化の融合」への転換を提唱しています。

個別化とは、端的には、自分に合ったペースや学び方で学びを進められることです。ただしそれは、学びの孤立化であってはなりません。子供たちが、必要に応じて人に力を貸してもらえたり、人に力を貸したりできる、「ゆるやかな協同性」に支えられた学びの環境をつくることが重要です。

個別化と協同化の融合を行うと、学年を超えた異年齢の学び合いも可能になります。日本でも異年齢での学び合いを実践している学校がありますが、そうした学校では、お兄さんお姉さんがとても頼もしく、年下の子たちに勉強を教えている姿などをよく見かけます。先生の授業より、友達に教えてもらったほうが分かりやすいとか、友達に教えることで自分の学びがより深まったとかいった経験は、多くの人がもっていることと思います。「学びの個別化と協同化の融合」は、そうしたダイナミックな学び合いの力を最大限発揮させるもので、一律一斉の授業に比べて、子供たちの学習権の保障により一層寄与することもさまざまな研究で明らかにされています。

次に「学びのプロジェクト化」とは、出来合いの問いと答えを学ぶ学びではなく、「自分たちなりの問いを立て、自分たちなりの仕方で、自分たちなりの答えにたどり着く」、そんな「プロジェクト型の学び」をカリキュラムの中核にすることです。

例えば、恐竜博士になる、映画をつくる、アフターコロナの教育のビジョンを考える、など、子供たち自身の問いから始まる探究型の学びです。こうした学びが、子供たちに学ぶことの楽しさや意義を見出させ、学力向上につながるだけでなく、生涯に亘る立派な探究者へと成長していくという報告も数多くあります。ちなみに、新学習指導要領においても、このような探究型の学びを中核にしたカリキュラムは、十分可能であるだけでなく、推奨されてもいるものです。

以上のような「学びの構造転換」は、実はその理論も実践も、すでに100年以上の蓄積のあるものです。とすれば、あとは公教育システムに実装していくだけです。そして実際、今、この「公教育の構造転換」とでもいうべき現象が、すでに全国の至るところで起こり始めています。150年間、あまり大きくは変わってこなかった学校システムが、今、大きく変わろうとしています。変えていく必要があると私は考えています。

ICTの果たす役割

教育におけるICTは、以上のような構造転換にドライブをかけるものとして活用される必要があります。一律一斉の授業の道具ではなく、子供たちがゆるやかな協同性に支えられながら個の学びを推進していくことができる、また、インターネットに自由につながることで、自身の探究活動を推進していく環境をつくれる点にこそ、ICTは最大の意義をもっているのです。「みんなで同じことを、同じペースで」が中心の授業へのICT活用から、その次のフェーズへと力強く展開していこう。そう、改めて訴えたいと思います。

苫野一徳（熊本大学教育学部准教授）

※本コラムは、NHK（Eテレ）「視点・論点」（2020年6月22日放送）でお話しした内容を、加筆修正したものです。

第4章

熊本市が目指す「ポスト・コロナ」の学校教育

コロナ禍にわずか1カ月半（正式決定からは2週間）でオンライン授業を実現した熊本市。同市のＩＣＴ教育は、今や日本の公立校の最先端を走っているといっても過言ではない。ポスト・コロナで、熊本市はどんな教育を目指すのか、全容にせまる。

2021年1月までに「1人1台」を整備

2016年4月の熊本地震以降、熊本市では市長部局と教育委員会の連携の下、学校のICT化が進められていった。そして、2020年4月までに「3クラスに1クラス分」のタブレット端末が、全小・中学校に配備された。

結果的に、この「3クラスに1クラス分＝33％」という導入率が、家庭のネット環境の不足を補う形で、オンライン授業の全市展開を実現させることになった。この数字は、文科省が2017年12月に示した整備方針に基づくものだが、今後のオンライン授業を考える上で、一つの目安として押さえておきたい数字といえる。

しかしながら、熊本市のオンライン授業においても、中には必要な数の端末がそろわなかった学校もあった。また、メインの教材アプリであるロイロノートはタッチパネルでの使用を前提としていることから、自宅のデスクトップパソコンから授業に参加した子供の中には課題をこなすのに苦労をした者も少なからずいた。さらには、自宅のパソコンやタブレット端末などの性能、通信環境の問題で、Zoomでのやり取りにタイムラグが生じるなどの問題もあった。その意味で、「3クラスに1クラス分」の端末は、オンライン授業を全市展開していく上で、ぎりぎりのラインだったとの見方もできる。

そんな中、熊本市では2020年5月21日の市議会臨時会で一般会計補正予算案が可決され、2021年1月までに「1人1台」の端末を整備することが正式に決定した。新たに導入する端末は約4万台。すでに配備されている約2万3500台と合わせれば、実に6万3500台もの端末が配備されることとなる。

気になるのが予算額だが、スキームとしては後ほど詳述する国の「GIGAスクール構想」の補助金（端末1台につき上限4万5000円）約18億円を活用し、市としては約38億円を4年間の業務委託費用として投資して、2020〜24年度の予算で執行していくという形をとっている。年当たりの財政負担は約9億6000万円で、月に換算すると8000万円程度となる。

また、第2章で述べたように、2018年度から始まった「3クラスに1クラス分」の端末と電子黒板、実物投影機の整備で、すでに毎年度7億〜8億円の経費が投じられている。これをプラスすれば、年間の財政負担額は17億円前後に上る。大きな投資であることには変わりないが、熊本市の一般会計（2020年度）の合計が3651億円、うち教育費が６７３億３１０１万４０００円であることを考慮するなら、補助金などを活用しつつ、教育費の40分の１程度をＩＣＴに回せば、「１人１台」が実現するとの見方もできる。

２０２１年２月になれば、熊本市の学校には、フルスペックのＩＣＴ環境が整うことになる。約２年前にｉＰａｄを入れた時は、関係者の間に「本当に使ってもらえるだろうか」との懸念も少なからずあった。しかし、現在は各学校で活用が進み、休校期間中も端末はフル稼働していた。こうした状況からも、今回は「使ってもらえるだろうか」との懸念は関係者の間に一切ない。

むしろ、今回のコロナ禍による一斉休校で、教育委員会の関係者も現場の教員も「１人１台」が必要不可欠との確信を得ているはずだ。「新型コロナウイルスに限らず、インフルエンザの流行や大規模災害など、何があるか分からない。１人１台体制が整えば、何があっても柔軟に対応できる」と教育長の遠藤は話す。

教育のICT化は本当に必要なのか

そもそも、ICTの活用が学校教育に必要なのか、子供同士の「学び合い」だけなら別に機器なんてなくてもできるではないか――学校のICT化をめぐっては、いまだにこうした声も少なからず聞こえてくる。市長の大西も「一部の市民からは、『教育の基本は読み・書き・そろばん。ゲーム機みたいなものを渡してどうするんだ』との声もあった。タブレット端末の導入は、エアコンを入れた時ほど好意的に受け入れられたわけではなかった」と話す。

とはいえ、大西自身、「次代の人材育成にICTが不可欠」との認識に揺るぎはない。過去3年間、強い信念をもって関係者などと対話を重ね、学校教育においてICTがいかに有効かを訴え続けてきた。

大西は国へ要望を出す際によく、「2分だけ時間をください」といい、自身の端末である動画を相手に見せるという。第2章で紹介した「ごんぎつねを朗読してBGMを付ける授業」の様子を紹介した動画だ。そして、動画の再生が終わった後、「教育はこう変わっていくんです」と伝えている。財務省や関係者などにも、そうした形で学校のICT化の必要性を説き続けてきたという。

現代人の多くは、仕事もプライベートでも、パソコンやスマートフォンをごく当たり前に使っている。これがなければ不便きわまりないし、円滑な生活は成り立たないといっても過言ではない。そう考えれば、江戸時代に「読み・書き・そろばん」が庶民生活に不可欠なリテラシーと捉えられていたのと同様、現代社会ではICTを生活に不可欠なツールと捉え、学校で教えていくのはごく自然な流れという見方もできる。

一方で、「世の中にはICTを使う仕事ばかりではない」と反論する人もいるかもしれない。確かに、第1次産業、第2次産業においては、現状はパソコンもスマートフォンも使わない仕事もある。しかしながら、今後は「Society5.0（狩猟社会【1・0】、農耕社会【2・0】、工業社会【3・0】、情報社会【4・0】に続く新たな社会）」の到来とともに、そうした業種・職種においてもICTを活用する場面は増えていくに違いない。さらにいえば、ICTを使わずにすむような仕事の多くは、人工知能を搭載したロボットなどに代替されていく可能性もある。そう考えても、ICTの活用能力をすべての国民に備えていくことは、必要不可欠な知的インフラ整備ともいえる。

世界的に見ても遅れている日本の学校のICT化

一般の人々にはあまり知られていないが、日本の学校は世界的に見て、ICTの活用面で大きく遅れを取っている。経済協力開発機構（OECD）が15歳の生徒を対象に3年に1回実施している「OECD生徒の学習到達度調査（PISA）」の2018年度調査で、授業でデジタル機器を使う時間の国際比較が公表されているが、日本はどの教科も軒並み低い（176ページのグラフ参照）。

国語や数学は加盟国中最下位で、その他の教科もすべて平均値を下回っている。世界各国でタブレット端末を使った学習活動が広がる中で、日本だけが黒板・チョーク・教科書を使って、150年前と同じような授業を粛々と行っている様子が、こうしたデータから見えてくる。

このPISA調査については近年、日本の生徒の「読解力」の低下が何かと話題になっている。確かに、2012年調査ではOECD加盟国中1位だったのが、2015年調査では6位、2018年調査では11位と、順位の下落が著しい（177ページの表参照）。

教室の授業でデジタル機器を「週に1時間以上使う」割合

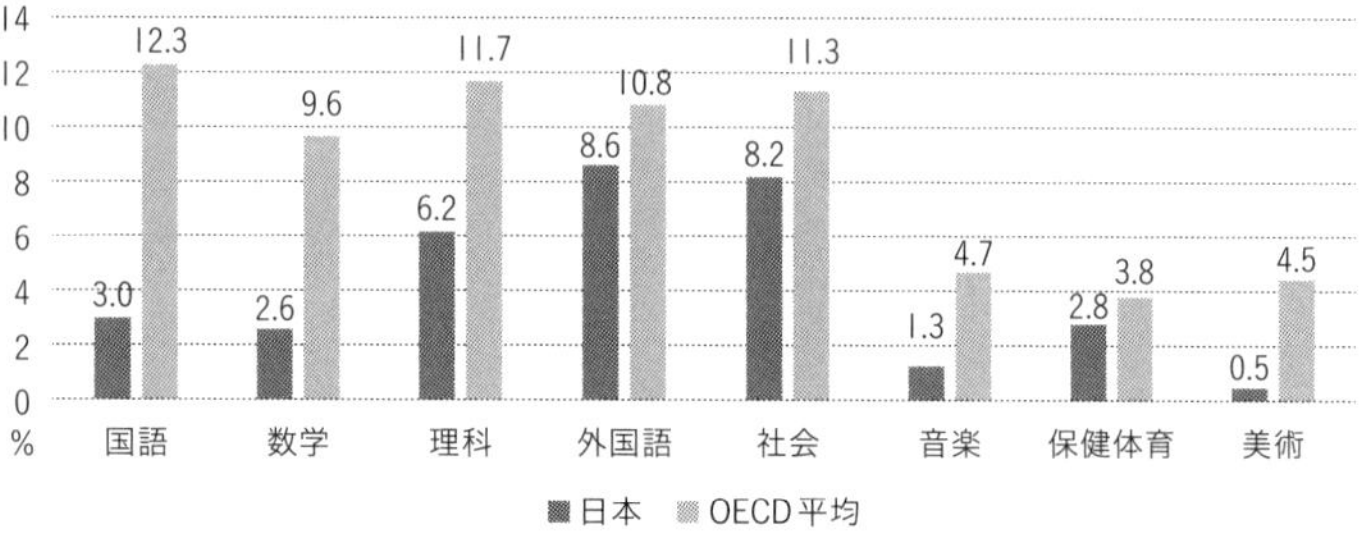

OECD 生徒の学習到達度調査（PISA2018）補足資料「生徒の学校・学校外における ICT 利用」を基に作成。

日本の国語教育に大きな変化がない中で、なぜこうした結果が出ているのか。

主として指摘されているのが「コンピュータ使用型調査」の影響である。ＰＩＳＡ調査は、２０１５年調査以降、生徒がコンピュータの画面上で解答する形式に変わり、出題内容も「読解力」にプラスして「情報活用能力」が問われるようなものへとシフトしたといわれる。

その結果、「ＩＣＴを使って勉強する・解答する」という経験が不足する日本の生徒の順位が、下がってしまったのではないかとの指摘がなされている。

ここでいう「情報活用能力」とは、ＩＣＴ機器を操作するスキルということではない。文章や画像などから必要な情報を読み取り、頭の中で再構成してアウトプットしていくような能力で、いわば一般の社会人が仕事をしていく上で、日常的に使っているリテラシーといえる。もし、これが国際的に見て低下しているとすれば、「読解力」以上に深刻な問題と捉える必要があるかもしれない。

PISA調査の順位の推移
(OECD加盟国中)

	2012年	2015年	2018年
科学的リテラシー	1位	1位	2位
数学的リテラシー	2位	1位	1位
読解力	**1位**	**6位**	**11位**

「GIGAスクール構想」の補助金をどう活用するか

こうした実態が明らかになる中で、国もようやく事の深刻さに気付き、2019年6月には「学校教育の情報化の推進に関する法律」が公布・施行された。この法律では、学校のICT化に関する施策を総合的かつ計画的に実施していくことが、国の責任として明記されている。

そうして打ち出されたのが、前述の「GIGAスクール構想」である。この構想では、「児童生徒1人1台ずつの端末導入」と「校内通信ネットワークの全校整備」という二つの目標が掲げられ、整備を図る自治体に補助金を出すことで、その実現を図ろうとしている。具体的には、端末を導入する自治体には1台当たり上限4万5000円が、校内通信ネットワークを整備する自治体には2分の1の費用が補助される。

当初、この「GIGAスクール構想」は、2023年度末までの達成を目指して進められていた。しかし、新型コロナウイルスによる一斉休校を受けて前倒しする方針が示され、2020年度の補正予算案が計上された。その内容を見ると、端末や校内LANの整備の他に、「家庭学習のための通信機器整備支援」（147億円）や「学校からの遠隔学習機能の強化」（6億円）などが盛り込まれている。もちろん、緊急時におけるオンライン授業を想定しての措置である。

２０１９年12月に公表された「ＧＩＧＡスクール構想の実現パッケージ」には、学習者用端末の整備について「Ｗｉ－Ｆｉを補完するＬＴＥも選択肢の一つ」との記述がある。この「選択肢の一つ」という言葉からも、当初計画では通信機能を備えない端末を導入し、校内に無線ＬＡＮ（Ｗｉ－Ｆｉなど）を整備するようなイメージで考えていた様子がうかがえる。

しかし、この仕様では、無線ＬＡＮがない所ではインターネットにつなぐことができず、オンライン学習も家庭のネット環境次第となる。そのため、新たに「家庭学習のための通信機器整備支援」を補正予算として計上し、家庭学習用のモバイルルーター（「ポケットＷｉ－Ｆｉ」など小型の通信機器）を導入する自治体にも補助金を拠出することにしたのである。

熊本市の場合、すでに通信機能を備えたセルラーモデルの端末が２万３４６０台導入され、２０２１年２月までに導入する残りの約４万台も、同じくセルラーモデルとすることが決定している。一方、これから整備を図る自治体は、熊本市と同様にセルラーモデルとするか、「Wi-Fiモデルの端末＋校内LAN＋モバイルルーター」という組み合わせにするかが、一つの分岐点となる。この辺は、導入に掛かる費用などもシミュレートした上で、判断されていくことになるだろう。

ただし、Wi-Fiモデルを導入すれば、修学旅行や校外学習で使用する際、子供たちは端末とモバイルルーターの両方を持参しなければならなくなる。当然、セルラーモデルに比べれば接続に手間が掛かり、接続エラーも起こりやすい。子供がモバイルルーターを紛失したり、忘れてきたりすることも考えられる。

また、校内無線LANについていえば、数百人が同時につなげば、通信速度の低下を招く可能性がある。もちろん、セルラーモデルとどちらが速いかは一概にいえないが、一定水準以上での通信速度を保ちやすいという点では、セルラーモデルに分がある。何より、端末一つだけもって出掛ければ、どんな場所でもネットにつなげて学習活動ができるというスマートさが、教育現場においては親和性が高い。

「熊本市モデル」を全国に広げる

２０１８年に熊本市が学校ＩＣＴ化に向けて大きく舵を切ったことは、熊本県内の他の自治体関係者にも少なからず影響を与えている。例えば、隣接する宇城市でも、２０１９年に熊本市と同じくセルラーモデルのタブレット端末を導入した。教育長の遠藤は「周辺自治体はもちろん、高校を管轄する県教委や市内の私学関係者の意識も変わってきているはず」と話す。

今回、休校期間中のオンライン授業が大きくクローズアップされ、全国の教育関係者が「ＩＣＴ先進都市」として熊本市を認識するようになった。わずか3年前には、政令指定都市の中で下から2番目だったことを考えれば、奇跡的な状況ともいえよう。教育長の遠藤は「熊本市モデルを全国に広げることで、日本の教育の全体的なレベルアップを図っていきたい」と意気込む。

遠藤がいう「熊本市モデル」とは、「セルラーモデルの端末を導入する」というだけの話ではない。導入に際してのきめ細かな教員研修、ＩＣＴ支援員や指導主事によるサポート、学校における推進組織など、人員面での体制整備も含む。さらにいえば、遠藤自身が最もこだわっていた「制限を掛けない」という方針も、「熊本市モデル」の大きな特色といえる。教育センターの教育情報室指導主事の山本英史は、「よく、他の自治体から『端末使用のセキュリティポリシーを見せてほしい』と問い合わせがある。でも、『残念ながらありません』と回答する」と話す。恐らく、回答を受けた関係者の多くが驚くであろうが、なぜ熊本がこうした方針を敷いているのか、我々は少し突き詰めて考えてみる必要があろう。

もちろん、ゆるいセキュリティの下で何か事件でも起きれば、批判の矢面に立たされる可能性はある。過去にも、学校事故が起きて施設の安全管理体制が問われたり、連れ去り事件が起きて通学路の防犯体制が問われたりしたことが、数多くあった。こうしたニュースが大々的に報じられる中で「ゼロリスク」を求め、過剰なセキュリティを敷いてしまうような状況が、今の教育行政には少なからずある。

それゆえ、学校の端末を用いてオンライン授業を実施することについても、「何か問題が起きたらどうするのか」という意見が出てくる可能性は十分にあろう。しかし、冷静になって考えてみてほしい。ネットがらみのトラブルは、学校の端末だけに制限を掛けたからといって、解決する問題であろうか。

世の中が「ゼロリスク症候群」に侵される中で、今回、熊本市が「制限は極力掛けない」というコペルニクス的転回を図ったことの意義は大きい。指導主事の山本も「子供たちの学習保障、心身の健康などを第一に考えるならば、それを守ること以上のセキュリティはない」と話す。

NTTドコモ、熊本大学、熊本県立大学との連携協定

前述したように、熊本市では教師が「教える」インプット型の授業から、子供が「学びとる」アウトプット型の授業への転換が図られている。そして、ICTを子供たちが主体的に資質・能力を高めていく上で、必要不可欠な「ツール（手段）」として位置付けている。こうした基本スタンスも、「熊本市モデル」の一つである。

ICTを「ツール」として活用するという点については、一部の先駆的なIT関係者の間に、「ICTスキルそのものを教えていくべき」との見解もある。学校教育の中で、プ

ログラミング言語を教えたり、動画編集の方法を教えたり、ホームページのつくり方を教えたりしてはどうかとの意見である。

もちろん、そうして習得したスキルが、実社会で役立つこともあるだろう。だが、ＩＣＴが「目的」と化してしまえば、どこで使うか分からないまま、複雑な公式や固有名詞を頭に叩き込んできたこれまでの学校教育と同じ轍を踏むことになりかねない。オンライン授業の全市展開を実現したことで、ＩＣＴばかりに注目が集まる熊本市だが、目的はあくまで「授業改善を通じた資質・能力の育成」であり、ＩＣＴはその「手段」であるという点は、今一度押さえておきたい。

熊本市では２０１８年10月に、熊本大学、熊本県立大学、ＮＴＴドコモと「教育情報化の推進に関する連携協定」を締結した。学校のＩＣＴ環境が整った後、その効果的な活用方法等について、自治体・大学・企業がそれぞれの知見やノウハウをもち寄りながら、共同開発していく産官学連携プロジェクトである。その具体的な内容として、次の四つが示されている。

①ＩＣＴ活用のための知識習得、ノウハウの共有
②ＩＣＴ活用モデルカリキュラムの開発
③プログラミング教育普及のための取り組み
④本協定の成果となる「教育ＩＣＴ活用推進書」の策定

４者のうち、熊本大学は、主に②のＩＣＴを活用したモデルカリキュラムの開発を中心になって担う。例えば、何年生のどの教科のどのような場面でＩＣＴを使うのが効果的なのかなどについて、熊本市内の学校と連携を取りながら明らかにしていく。また、熊本県立大学は主として③のプログラミング教育について、同じく熊本市内の学校と連携を取りつつ、効果的な実践方法を開発していく。

ＮＴＴドコモの役割は、ＬＴＥ回線や端末などのインフラ提供と教員研修の実施である。その具体的中身については第２章で紹介した通りだが、教員研修についてはこの協定に基づき、熊本大学の監修も受けながら実施している。

熊本市では、現場レベルでもさまざまな創意工夫がなされているが、今後この連携協定の下で魅力的なモデルカリキュラムが開発され、現場の実践と融合していけば、ハード面のみならずソフト面でも「熊本市モデル」は注目を集めていくに違いない。

子供たちがいるところを学校にする

学校とは何か——このシンプルな問いに、法律に基づいて答えるとすれば、「校舎・校庭・教室などがあり、同じ学齢の児童・生徒が30～40人単位で、教科書を使って共に学ぶ場所」といった感じになるだろうか。一般の人たちが学校に対して抱くイメージも、概ねこれと似たようなものではないかと思う。

しかし、今回のオンライン授業では、そんな学校のイメージが少なからず崩されたように感じている。多くの人が、不可欠と考えていた学校や教室という空間がなくても、学びが成立することが証明されたからである。

もちろん、学校や教室が不要だといっているわけではないし、オンライン授業が教室での学びを完全に代替するかといえば、そんなことはない。特に、小学校低学年でのオンライン授業で、教育的成果を出すのは難しい。しかし、「当たり前」と捉えられていた教室空間での学びが、実は学校教育の絶対的成立要件ではないことは、多くの人たちが悟ったはずだ。

実は今回のコロナ禍で、一般社会においても同じような現象が至るところで起きている。例えば、ワークショップやセミナーなどのイベントのオンライン化が進み、その中には以前よりも多くの参加者を集めているケースもある。医療でもオンライン診療が広く普及し、「オンラインフィットネス」「オンラインカラオケ」などのサービスも新たに登場した。仕事のミーティングや商談、取材などもオンライン化が進み、さらにはテレワーク化を前提にオフィススペースの縮小に踏み切る企業まで出始めている。いずれも、これまで不可欠だと思われていた「場所・空間」がなくても、ビジネスが成立するという事実が明らかになった例といえる。

もちろん、小・中学校の授業がすべて、オンライン化していくとは考えにくい。しかし、クラス全員を一つの教室に集めて行う授業を理想とし、「皆勤賞」を目指すような教育観は、少なからず崩れていくに違いない。

熊本市では学校再開後、授業の様子をZｏｏｍで家庭に配信し、感染を懸念して登校を控える子供や不登校の子供に対して学習保障を行っている。今後は、インフルエンザによる出席停止期間中、あるいは家庭の事情による欠席などにおいても、こうした配信が行われていくようになるだろう。あるいは、少し無理をして登校している子供が、「今日はオンラインにします」と教員に告げ、画面越しで授業に参加するなんてこともあるかもしれない。

不登校の子供への学習保障については、教育長の遠藤には次のような構想もある。

「本来は、もっとオンラインに適した不登校の子供向けの教育課程を用意すべきと考える。適応指導教室と同じように、『オンライン小学校』や『オンライン中学校』をつくりたい。病気になろうとも、不登校になろうとも、一人ひとりの教育的ニーズに即した授業を受けられる環境を整えていく。」

ちなみに「適応指導教室」とは、不登校の児童・生徒のために教育委員会が自治体の教育施設に開設する教室のことで、学校とは異なる時間割の下で、授業が行われている。学校に子供を集めるだけでなく、子供がいるところを学校にする――熊本市の実践からは、そんな公教育の新しい形が見えてくる。

「不平等だからやらない」ではなく「できるところからやる」

今回の一斉休校中、多くの私学がオンライン授業を実施する一方で、公立校の大半は課題のプリントを配付しただけというような状況にあった。小学校はまだしも、中学校や高校は受験を控えていることもあり、こうした教育格差に「不平等だ」との声が各方面から上がった。そんな中、入試日を後ろにずらすことや入学時期を9月にすることまでもが検討されるに至った。

熊本県内においても、熊本市のようにオンライン授業をする自治体がある一方で、プリントの配付のみという自治体もあった。高校入試を考えれば「不平等」との意見もある。しかし、不平等だからといって、オンライン授業を制限するなんてことがあれば、それこそ学校教育が何のためにあるのかという話になる。教育長の遠藤も、「不平等だからやらないほうに合わせるなんて話はあり得ない。そんなことをすれば、日本全体が沈没する。不平等だと思うなら、トップに合わせるように努力すべき。必要なのは全体のレベルアップ」と指摘する。

4月23日、文科省が全国の教育委員会などに向けて通知を出しているが、その中に次のような一文がある。

「学校設置者や各学校の平常時における一律の各種ICT活用ルールにとらわれることなく、家庭環境やセキュリティに留意しながらも、まずは家庭のパソコンやタブレット、スマートフォン等の活用、学校の端末の持ち帰りなど、ICT環境の積極的な活用に向け、あらゆる工夫をすること。」

まるで熊本市の取り組みを紹介しているかのような一文だが、「一律の……ルールにとらわれることなく」という言葉からも、自治体間の格差が出ることは承知の上で、「できることから、なんでもいいからやってください」というスタンスを取っているのが分かる。

5月11日にユーチューブ上で全国の教育関係者向けにライブ配信された「学校の情報環境整備に関する説明会」において、文科省の担当官は、この通知の趣旨を説明した後、「GIGAスクール構想」の補助金を活用しながら、一刻も早く条件整備を図っていくよう各自治体に訴えている。つまり、やれる自治体はどんどんやって、やっていない自治体はそこに追い付くように努力すべきということである。

一方で、隣町がオンライン授業をしているのに、自分の町ではプリントのみという状況があれば、保護者が理不尽に思うのは当然であろう。高校受験・大学受験のために、頑張ってきた我が子を見るにつけ、足並みをそろえてほしいと思う保護者の気持ちも理解できる。しかし、出る杭を打つのは、教育の本質から考えてもおかしい。取るべきアクションは、居住する自治体に「うちも早くオンライン授業ができるようにしてくれ」と訴えることだろう。

余談になるが、こうした「不平等論」が出てくるのも、ある意味では日本が偏差値を軸にした学歴社会から抜け切れていないことの証しともいえる。

もし、大学入学共通テストがなく、各大学や高校が多様なアドミッションポリシーの下で独自に試験を行い、多様な物差しで入学者を決めていくような社会だったら、入試の延期や9月入学などの話も出てこなかったに違いない。皆が同じラインに並んで学歴を取り合っているような状況があるからこそ、自治体間格差＝不平等という話になってしまうのである。

そもそも、中学生や高校生にもなれば、教員がある程度の支援をしてやれば、学校が休校になろうとも、自律的に学んでいくことはできる。第3章で紹介した楠中学校のオンライン授業も、Ｚｏｏｍによる授業は5分のみで、あとは生徒が自身で学んでいくようなスタイルだった。換言すれば、自治体間格差による不平等論が出てくるのは、日本の教育が「自律的に学ぶ人間」を育ててこなかったからとの見方もできる。

なぜ、熊本市でオンライン授業の全市展開ができたのか

今回のコロナ禍で、なぜ熊本市がオンライン授業を全市展開することができたのか——この問いをもう少し突き詰めて考えてみたい。

直接的な要因を挙げれば、コロナ禍による休校を迎えた時点で、セルラーモデルの端末が「3クラスに1クラス分」導入されていたことである。結果として、この導入比率がものをいい、オンライン授業の全市展開が実現するに至った。

注目すべきは、他の自治体に後れを取っていた熊本市が、なぜ「3クラスに1クラス分」を短期間で導入できたかである。さらにいえば、5年間で40億円もの教育予算を獲得することができたのか——この辺の経緯やからくりが明らかになれば、予算獲得を目指す他教委関係者にとって、貴重な参考情報となる。

２０１６年の熊本地震が一つの契機になったのは確かだが、それ以上に大きいのは、市長部局と教育委員会の間で「課題の共有」がなされるようになった点である。多くの自治体では、同じ県庁・市役所などの中にあっても、首長部局と教育委員会との間で意思疎通機会が少なく、課題の共有がなされていないケースが多い。加えて熊本市では、前述したように２０１０年度の頓挫で、ＩＣＴ機器の更新ができなかったことを機に、予算獲得に対する諦めムードが教育委員会の関係者の間に漂うようになった。その結果、他自治体から致命的な遅れが生じていたにもかかわらず、予算要求すらしないような状況が続いていた。そして、市長の大西自身もそのことを知らないまま、時がすぎていった。

こうした諦めムードは、教育委員会のみならず、現場レベルまで浸透していた。ある時、大西はある女性教員から、こんな言葉を投げ掛けられたという。

「市長、ありがとうございます！　市長のおかげで、教室にエアコンも入ったし、タブレット端末も入りました。これまで、現場の教員は皆、『何をいっても、どうせ変わらない』と思っていました。私たち、いってもよかったんですね。」

何をいっても、どうせ変わらない――そんな思い込みは、世の中のありとあらゆるところに存在する。会社の部署間でもあれば、上司と部下の間にもある。あるいは、友人との間、親子間、夫婦間にだって、あるかもしれない。そうして互いが主張しなくなれば、両者の間にある課題は未来永劫、共有されることも解決することもない。

しかし、どちらかが勇気を出して意見したことがきっかけで、状況ががらりと変わることだってある。熊本市の場合も、市長部局と教委との間で意思疎通が図られ、課題の共有がなされたことによって、40億円もの教育投資が実現するに至った。

首長部局と教委の間のコミュニケーション――これが円滑に図られるかどうかは、身もふたもないことをいえば、首長・教育長の人間性や相性による部分も大きい。学校において、校長と副校長・教頭の関係性が悪いと教職員や子供たちに悪影響が及ぶのと同様、首長と教育長の関係性が悪いと、その街の教育は一向によくならない。

この点について、教育長の遠藤は次のように語る。

「大西市長は、外部の人間である私を教育長に任命した。もし、そんな教育長が『使えない』ようなら批判を浴びる。一方の私も、内部の人を押しのけて着任したわけだから、結果を出さねばならない。その意味で利害が一致していた。」

人間性や相性の問題はさておき、両者の間に「結果を出さねばならない」という意識があったことが、連携を深める大きな要因であったことがこの言葉からも分かる。

日本のモデルから世界のモデルへ

教育長の遠藤は1974年高知県生まれ。東京大学を卒業後、1997年に文科省に入省し、2007年4月からは2年間ほど、出向で熊本県教育委員会にいた経験がある。ただ、当時は公民館の運営や生涯学習関連事業などを所管する社会教育課の課長だったため、「学校教育の状況は、あまりよく知らなかった」という。

その後、2010年に文科省を退官し、同年11月に「青山社中株式会社」を起業して、共同代表に就いた。この会社は、「人づくり」「政策づくり」「組織づくり」を3本柱に据えており、その一環として熊本市の教育大綱の策定に携わる中で、市長の大西と関わりをもつようになった。そして、大西の強い要請を受けて、2017年4月に熊本市教育長に就任した。

一般的に、教育長は校長経験者や教育委員会幹部など、いわゆる「身内」から選ばれるケースが多い。その地域の事情に精通し、校長などと意思疎通を図りやすいという点では、それが理に適った人事ともいえる。

一方で、大胆な改革を推し進める上では、外部の斬新な視点が必要となる。そうした理由から、近年は遠藤のように民間から抜擢されるケースも出始めている。広島県の教育長としてさまざまな改革を推進する平川理恵も、元はリクルート出身の民間人教育長である。学校教育に民間の人材を入れるという試みは、以前から「民間人校長」という形で、多くの自治体が推進してきた。しかし、企業経営との質的な違い、組織文化の違いなどから教員との間で軋轢が生じ、思うように機能しないケースも少なくなかった。そんな中、校長を飛び越して教育長に民間出身者を据えるというのは、かなり大胆な試みといえる。当然、当事者に掛かるプレッシャーは並大抵のものではない。

教育長に就任して1年ほどがすぎた2018年の夏、遠藤は肺に悪性リンパ腫が見つかり、入院と通院による治療を余儀なくされることとなった。一時は、がん細胞の転移も疑われ、死も覚悟したという。当時は、学校ICT化のプロジェクトが突き進んでいる真っ最中で、「子供たちが端末を使って生き生きと学ぶ姿が見られないのではないかと思い、それがつらかった」と振り返る。

その後は、薬の副作用などに苦しめられはしたものの、幸いにして転移はなく、現在は抗がん剤治療も終わり、経過観察中だという。民間出身の教育長というプレッシャーの掛かる立場で、闘病しながらの教育改革。３年間の道のりが、並大抵のものでなかったことは想像に難くない。一方で、そんな遠藤の気持ちを支えたのも、「熊本市の教育改革を全国に広げていきたい」との強い思いだった。

「熊本市モデルを全国に発信するという目標は、かなり実現できた。あと2～3年後には、世界のモデルを目指す。世界中の教育関係者が、熊本という名前を知っている。そんな状況にしたい。」

首長部局と教育委員会の連携という点に話を戻せば、２０１５年度より導入された「総合教育会議」が、これを促進する大きな契機となった点も見逃せない。この会議は教育委員会と首長で構成され、ここで教育大綱の策定など、教育施策の基本方針が決められる。

この会議が制度化される以前、各自治体には首長と教育委員会が、同じテーブルについて対話する場というものが存在しなかった。考えてみれば不思議な話だが、首長の政治的な価値観や思想が、教育施策に影響を及ぼさないように、教育委員会が独立性を保てるような制度設計になっていたのだ。

しかし、２０１１年に大津市で起きたいじめ自殺事件で、教育委員会の責任所在の曖昧さが大きくクローズアップされたことを受け、国レベルで大幅な教育委員会制度の改正が行われるに至った。そうした中で、新たに設置されたのが「総合教育会議」であった。市長の大西は、「法改正があって総合教育会議が設置され、市長部局と教育委員会が対話をするようになったのは大きかった」と振り返る。

「総合教育会議」は、2015年度に導入されてから5年がたつ。どの自治体も、首長と教育委員会の距離は縮まってきているに違いない。「GIGAスクール構想」の補助金をうまく活用すれば、最小限の投資で学校のICT化が図られ、休校中のオンライン授業も実施できるようになる。そんなメッセージを首長に発信していくことも、今の教委関係者にとってさほど高い壁ではないだろう。

早期の意思決定はどのようにしてなし得たのか

熊本市のオンライン授業は、セルラーモデルの端末が「3クラスに1クラス分」導入されていたから実施できたという単純な話ではない。たとえ、多くの端末が入っていても、人口が74万人の政令指定都市という自治体規模を考えれば、市内全校での実施はできなかった可能性も十分にあったと考えられる。

今回の取材を通じて驚かされたことの一つが、意思決定の速さである。まだ、首相の一斉休校要請が出る前の段階で、熊本市ではオンライン授業を見据えて実証実験を行っていた。そして、3月2日に休校に入るや否や、4月以降も休校になることを想定し、オンライン授業を全市展開する準備を迷うことなく進めていった。熊本県内の感染者数が、全国的に見て多かったわけでもない中で、こうして先手、先手の対応を打てたのはなぜだったのか。

新型コロナウイルスに、誰よりも警戒心を抱いていたのが、市長の大西だった。2月中旬という早い段階で学校を休校にすることを教育長の遠藤に打診し、シミュレーションをしておくように要請していた。当時はまだ、市内に感染者が出ておらず、全国のほとんどの学校関係者も、一斉休校を想像できていなかった頃である。結果的に、こうして先手を打っていたことが、4月15日という早い段階でオンライン授業を開始できた大きな要因となった。

一口に「先手を打つ」といっても、簡単なことではない。空振りに終わった時には批判を浴びる覚悟をもたねばならないし、何より判断材料となる情報が必要である。熊本地震以来、「最悪の事態を想定して動くようにしていた」という大西だが、先手を打てたのはそうした「覚悟」と「情報」があったからに他ならない。

ある関係者が、大西のことをこんなふうに評していた。

「官公庁の動き、他の自治体の動きなど、とにかくアンテナが高い。そうした情報を見つけてきては、職員に『うちの自治体でもどうだ』と提案してくる。」

恐らく、新型コロナウイルスについても人一倍多くの情報を収集し、「先手を打つ」ための判断材料を得ていたのだろう。

２０２０年夏、大西は自身のボーナスを全額返上し、コロナ対策に当てるとの意向をツイッター上で表明した。「市長としての覚悟を示すため」とのことだが、市民からは「市長、そんなことをいわずにもらってください」といった声も数限りなく届いた。

これを「政治家としてのパフォーマンスだ」という意地の悪い捉え方をする人もいるかもしれない。うがった見方をすればきりがないが、この「覚悟」に触発され、自らも強い決意をもって、日々に立ち向かおうとする人は多かったであろう。教育関係者の中にも、市長の覚悟に触発され、意を新たにした人が数多くいたに違いない。

おわりに――150年続いた学びの形が変わる

「羹《あつもの》に懲りて膾《なます》を吹く」という諺がある。熱い食べ物で痛い目にあったことから、必要以上に警戒心を働かせ、冷たい膾も吹いて冷ましながら食べるような状況を表す。学校での事件・事故・不祥事がセンセーショナルに報じられる中で、日本の学校教育もまた、「羹に懲りて膾を吹く」状況に陥っているような気がしてならない。

もちろん、危機管理やコンプライアンスの順守は必要だ。しかし、その徹底が過剰に求められる中で、現場の教員がどこか萎縮し、自主規制を掛けてしまうような状況があれば、子供たちの学びにも少なからず影響してくる。学校が「ゼロリスク症候群」に侵され、新たなことにチャレンジをしなくなれば、そこで失われるもののほうがはるかに大きい。

ＩＣＴの導入に際しても、そうした過剰なセキュリティ意識が、普及の妨げになっていた側面が少なからずあった。ネットいじめ、ワンクリック詐欺、出会い系サイト……こうした事件やトラブルが報じられるたびに、端末やアプリが悪者扱いされ、関係者はリスクを排除することに躍起になった。その結果、厳重なセキュリティポリシーの下で制限を掛け、市販のパソコンやタブレット端末とは比較にならないほど使い勝手が悪く、使っても楽しくなれない端末が学校現場には導入されていった。

そうした流れがある中で、今回、熊本市教育長の遠藤が世の中とは真逆の方針を敷き、現場が自由に使える端末を導入していったことの意味は大きい。「熊本市モデル」の一番肝心なところは、実はここにあるような気がしてならない。

同様の問題意識は、市長の大西にもあった。「未来への投資」として、学校のICT化に40億円もの資金を投じたことについて、「教育に何か特別な思い入れでもあるのか」という質問に、大西は次のように答えている。

「今時の先生は、どこか萎縮しているように見える。私が子供の頃、教師は憧れの存在で、輝いていた。小4の頃、私は音楽の先生に『大西くんはリズム感がいいね』といわれ、それがきっかけでドラムを始め、プロのドラマーを目指した。教師の言葉は魔法の言葉。子供の可能性をいくらでも開花させる。その意味でも、先生には伸び伸びと自分らしく振る舞い、子供たちに夢をもたせてほしい。そんな環境をつくりたい。」

現場の教員が萎縮することなく、自分らしく振る舞えるようにする——大西と遠藤の間にあるこの共通認識が、熊本市の教育改革を支えるエンジンとなってきたのだ。

日本の教育史を振り返ると、過去に数えきれないほどの改革が行われてきた。学習指導要領の変遷を見ても、「系統主義」と「経験主義」の間を振り子のように行ったりきたりし、「詰め込み教育」が批判されたかと思えば、その何倍にもなって「ゆとり教育批判」が起こるなどの事態も生じた。「生活科」や「総合的な学習の時間」「外国語」などの新しい教科が次々と生まれ、学校選択制、教員免許更新制、学校評価、コミュニティ・スクールなど、新たな仕組みも次々と導入されていった。

しかし、俯瞰すれば、日本の学校は１５０年前とさほど変わっていないともいえる。学校・教室という空間に同学年の子供30〜40人を集め、１人の教師が黒板とチョーク、教科書を使いながら説明をしていく。そして、子供たちは教えられたことをただひたすらに暗記し、苛烈な競争を勝ち抜きながら立身出世していく。そんな教育の基本システムが、明治初期から第二次世界大戦を経て、現代に至るまで続いてきた。

実は、このシステムを壊さない限り、新学習指導要領が目指す「自律的に学ぶ人間」なんて育てられないのではないか――学校関係者への取材を重ねる中で、ふとそんなふうに思うこともある。しかし今回、熊本市の取材を通じて、ＩＣＴというツールがその壁を突き崩す可能性があることを少なからず感じることができた。

「ＧＩＧＡスクール構想」で「１人１台」の端末が整備されれば、１５０年続いてきた学校の当たり前、教師の当たり前、授業の当たり前が、少しずつ崩れていくかもしれない。今、そんな期待感を抱いている。その意味でも、各自治体が熊本市の事例なども参考にしながら、１日でも早く環境整備に努めてくれることを祈りたい。きっとこれから、教育は大きく変わっていくに違いない。

２０２０年８月

佐藤　明彦

本書を執筆するに当たり、熊本市の大西一史市長、遠藤洋路教育長、本田裕紀教育センター副所長をはじめ、多くの方々にお世話になりました。新型コロナウイルスが終息しない中で、貴重なお時間を本書のために割いてくださったことを心より御礼申し上げます。

また、本書の発刊にあたり、私の足りない専門的な部分を埋めてくださった堀田龍也先生、中川一史先生、苫野一徳先生にも、心より御礼申し上げます。教育界のビッグネームである御三方にこうして本書に名を連ねていただけたこと、この上なく光栄に存じます。

最後に、本書の発刊に当たり、熊本市と私をつなぎ、今回の取材・執筆を多方面から支えてくださった時事通信出版局の武部隆社長、戸田由美部長、坂本建一郎様、大久保昌彦様、そして時事通信社熊本支局の田中賢志支局長（当時）にも、深く感謝申し上げます。

【著者紹介】

佐藤明彦（さとう・あきひこ）
教育ジャーナリスト。1972年滋賀県大津市出身。大手出版社勤務を経てフリーの記者となり、2002年に編集プロダクション・株式会社コンテクストを設立。教育書の企画・編集に携わる傍ら、自身は教育分野の専門誌等に記事を寄稿。教員採用試験対策講座「ぷらすわん研修会」の事務局長。『月刊教員養成セミナー』前編集長。著書に『職業としての教師』（時事通信社）。

教育委員会が本気出したらスゴかった。
コロナ禍に2週間でオンライン授業を実現した熊本市の奇跡

2020年10月2日　初版発行
2020年10月8日　第2刷発行
2020年10月31日　第3刷発行

著　者：佐藤　明彦
発行者：武部　隆
発行所：株式会社時事通信出版局
発　売：株式会社時事通信社
〒104-8178　東京都中央区銀座 5-15-8
電話03（5565）2155　https://bookpub.jiji.com/

装丁　長内研二（長内デザイン室）
編集担当　大久保昌彦
印刷／製本　中央精版印刷株式会社

ISBN978-4-7887-1708-4　C0037　Printed in Japan
落丁・乱丁はお取り替えいたします。定価はカバーに表示してあります。
★本書のご感想をお寄せください。宛先はmbook@book.jiji.com